Thanks for being my Flori.

1

-GITTTERPOESIE UND SÄTZE SCHREIBEN
->But life is too short to make too many things at the same
  time

Bibliografische Information der Deutschen
Nationalbibliothek:
Die Deutsche Nationalbibliothek verzeichnet diese
Publikation in der Deutschen Nationalbibliografie;
detaillierte bibliografische Daten sind im Internet über
http://dnb.dnb.de abrufbar.

Herstellung und Verlag: BoD – Books on Demand,
Norderstedt

Geschrieben 2017 & 2018
Erschienen 2021
© Tim Oliver Rudolph 2021.
Kassel

ISBN 9783753471389

-EINHEIT ALS EINZIGE IDEE MIT BEIDEN BEINEN IM LEBEN;
VON DEN RESTLICHEN, ABGELEITETEN, DIE AUF EINEM
STEHEN, KOMMT DER NAME DER GITTER

Gitter-poesie und Sätze

EINE LIEBESGESCHICHTE

4

EIN GROSSER SPALT ZIEHT SICH HINEIN, IN MEIN SEIN UND MEIN WERDEN, AUF DEM ICH NICHT STEHEN KANN, WEIL ICH LAUFEN UND IMMER ALLES GEHEN MUSS IM ÜBERFLUSS AN MÖGLICHKEITEN, WESHALB NIEMAND DIE SCHWIERIGKEIT SIEHT, VON DEM GEFÜHL, DASS MAN DAS ALLES NICHT VERDIENT HAT. IN WELCHE RICHTUNG SOLL ICH ALSO GEHEN OHNE EINE CHANCE VERWEHEN ZU SEHEN, WIE DRACHEN IM WIND UND ICH ALS KIND ZWISCHEN DEN SEILEN, DIE MEINE AUFMERKSAMKEIT TEILEN UND MEINE GLIEDER ZERREISSEN, WEIL SICH DIE FARBEN MIT DEN WÖRTERN BEISSEN UND ICH NICHT ERKLÄREN KANN, WARUM DIES UND WAS DANN. JEDEM SCHRITT MUSS ICH DIE RICHTUNG GEBEN UND FÜR DIE GEWICHTUNG GERADE STEHEN, DER EINZIGE MOMENT, IN DEM ICH NICHT GEHEN MUSS UND OBWOHL ICH WEISS, DASS ES EIN VERLUST IST, WENN MAN SICH MIT ANDEREN MISST, KANN ICH DAS SCHREIBEN NICHT GENIESSEN, WEIL ICH DABEI HIER SITZE, WÄHREND VIELE IHRE HEIMAT VER-LASSEN UM ZU WERDEN WAS SIE WOLLEN, VIELLEICHT AUCH SOLLEN, DOCH ES IST WOANDERS, WO ES SICH LOHNT ZU LESEN, WEIL DAS BUCH VON DEINEM NACH-BARN KOMMT, DER SCHRÄG LINKS ÜBER DIR WOHNT UND IHR EUCH DAS ESSEN TEILT, WENN IHR VERPEILT HABT, DASS IHR ALLEINE SEID. LEIDER GIBT ES DIESEN NA-CHBARN NICHT UND ES WIRD IHN NIE GEBEN, WENN ICH NICHT MIT BEIDEN BEINEN AUF EINER SEITE ZU GEHEN LERNE. ICH MUSS MICH ENTFERNEN VON EINER SACHE, DIE ICH ANSCHEINEND NICHT SO GERNE MACHE. WO IST ALSO DAS PROBLEM, WENN ICH NEBEN DEM DOCH DAS HABE, WAS ICH LIEBE? WO IST ALSO MEIN PROBLEM AUF EINER SEITE ZU GEHEN, SEHEN KANN ICH DIE TRENNUNG GANZ DEUTLICH UND MEIN FUSS, DER DARIN KLEMMT UND MICH HEMMT, ABER ICH KANN OHNE IHN LEBEN, SOLL MEINE EINIGKEIT DAS BEHEBEN UND IHN AB-TRENNEN. JETZT HABE ICH EINEN GRUND MICH ZU ENTSCHEIDEN, ZU RENNEN UND DENKEN ZU VERMEIDEN. ICH HINTERLASSE SPUREN. IST DAS MEIN GLÜCK? ICH GLAUBE SCHON. DER SPALT IST ZUSAMMEN GERÜCKT.

5

VORWORT.

Was kommt nach braun. Die Geschichte eines Lebens zwischen einer Welt und FIFA, beendet durch eine Zusammenführung in des Autors Leben.

9

Gedichte und Sätze, die ich heute noch vorlesen würde, nach 2 Jahren. EMPORKLETTERN UND KÄMPFEN.

45

Gedichte und Sätze, die ich nicht mehr vorlesen würde, nach 2 Jahren. EMPORKLETTERN UND KÄMPFEN.
117

NACHWORT.
An die schöne Blonde aus meinem Roman, die ich verlassen habe. Ein Liebesbrief, der zu einer Arbeit wurde.
235

WAS KOMMT NACH BRAUN.

DIE GESCHICHTE EINES LEBENS ZWISCHEN EINER
WELT UND FIFA, BEENDET DURCH EINE
ZUSAMMENFÜHRUNG IN DES AUTORS
LEBEN.

Die Einen sprechen über dich,
die Einen denken über dich.
Die Anderen mögen dich jetzt schon.

Doch wie könnten die Nachrichten bald über Dich
sein und
was könnten Andere bald über dich denken?

„
Jeder Tag muss den Stoff für eine gute Geschichte besitzen. Die Momente, aus denen der Tag besteht, haben den Zwang, sich in ihrer Bedeutsamkeit zu verdoppeln, sich ständig zu erhöhen, bis eine Geschichte entstanden ist, mit der dieser eine Tag sich komplett ausgefüllt anfühlt. Der Tag braucht keine Bemühungen mehr. Mit dem Entstehen einer Geschichte aus dem nötigen Stoff ist er vollständig erlebt und als Erinnerung abgespeichert. Er ist gut und stimmt zufrieden. Die Masse der Tage, die eine Erinnerung wert sind, macht den Wert jeden Lebens aus, welches mit anderen Leben im Vergleich und Konkurrenz steht. Es sind Geschichten ohne Zeit und Raum. Sie können sich dessen in ihrer Entstehung nicht entziehen, doch in ihrer Existenz müssen sie so stark und bedeutsam sein, dass sie alleine bestehen können. Sie besitzen keine klare Ordnung, sie sind wie Eilmeldungen aus den Nachrichten, wie Push-Mitteilungen auf einem Smartphone. Sie geben gefiltert und stark zusammengefasst wieder, was passiert ist. Der

11

spannende Teil, der der Geschichte ihren Charakter verleiht, ob sie lustig, dramatisch oder einfach nur rührend ist, wird bis aufs kleinste Detail zerlegt und abgespeichert. Denn auch nur dieser Teil, ist der Teil, dem Interesse geschenkt wird. Er macht eine Geschichte und somit einen Tag, somit eine Erinnerung und somit ein Leben konkurrenzfähig. Darum muss steht's achtsam gehandelt werden, um diesen Moment nicht zu verpassen, um diesen Moment auch gründlich abspeichern zu können.

Es ist ein Junge. Ein Junge, mittelgroß, gerade einmal in der Lage sich den Wecker selbst zur passenden Stunde zu stellen, steht vor dem Spiegel. Er schaut sich in die Augen. Er schaut nur sich selbst tief in die Augen. „Das bin Ich. Das bin Ich,…" Das leise Geflüster lässt das helle Badezimmer im sonnigen Stadtrand für einen Moment zur fernen Illusion werden. „Ich bin Ich, genau das bin Ich. Ich bin genau das. Ich bin Ich." In den Augen des Jungen spiegelt sich das Bild seiner eigenen Augen wider. Seine schon leicht schneller gealterten Wangen verschwinden aus dem Zog, der die Aufmerksamkeit des Jungen entstehen lässt. Der Junge fühlt etwas, was er bis zu diesem Zeitpunkt noch nicht zu verstehen weiß, doch kann er es fühlen. Und er ist durchaus in der Lage sich die Form seiner Gefühle einzuprägen und einzuordnen. Dabei ist sein Kopf kein klares Register. Es ist eher ein überfüllter Raum, in dem sich viele Spielsachen befinden. In jeder Ecke befinden sich Dörfer mit ihren eigenen Soldaten und mächtigen Toren. Dazwischen liegen Klamotten und klebrige Yoghurtbecher pausieren auf Tisch und Fensterbänken. Wiederkehrende Gefühle sind dabei solche Dinge, über die man beim einfachen Leben und beim einfachen Bewegen in dem Raum unverhofft stolpert. Soweit sie auch entfernt zu sein scheinen, sind sie meist nur versteckt, nie ganz verloren. Er hat sich zu diesem Zeitpunkt nie gefragt, ob er der Einzige sei, der zu diesen Feststellungen zuhause vor dem Spiegel kommt. Er ist sich jedoch sicher, dass er der Einzige ist, der jemals dieses Gefühl gefühlt hat, welches durch seinen Körper gerannt ist, als er bestimmend zu sich selbst geflüstert hat. Ein aufkommendes Grinsen am Ende des ganzen Spektakels lässt ihn die gewonnene Erkenntnis zu einer positiven werden. Er tritt einen halben Schritt vom Spiegel zurück, hebt den silbernen Griff am Wasserhahn leicht an, sodass er sich in Richtung der roten Seite bewegt und beginnt sich die Hände zu waschen. Die Limettenseife hatte er bereits zuvor auf seinen Händen verteilt. Das Prinzip, erst die Seife zu benutzen, nachdem man bereits die Hände unter laufendem Wasser abgespült hatte, verstand er einfach nicht, so war doch der einzige Sinn vom Benutzen der Seife, dass die eigenen Hände bei möglicher Kontrolle der Mutter gut riechen sollten. So schien es keinen Unterschied zu machen, ob nun zweimal oder einmal das Wasser lief. Fester stand, dass der Junge sich nun von Waschbecken und Spiegel wegdrehte und die Sonne durch das schwammige Badfenster wieder sein Gesicht erhellte. Seine geborgene Kindheit ist sein Schlüssel zu seinem Erflog. Dabei geht es nicht um Luxus, sondern um

Kraft und Liebe. Durch die Kraft, die er in der Vergangenheit in sich gelagert hat kann er sich nun die Brücke zu jedem noch so weit entfernten Stern bauen. Heute ist er am Ziel seiner Träume. Er hat es geschafft. Er hat aus vermeintlich nichts ein Meisterteam geformt, welches ganz oben mitspielen kann. Zu Beginn seiner Karriere hatte niemand damit gerechnet. „Der schüchterne, in sich gekehrte, Unerfahrene, der nicht einmal seine eigene Meinung begründen könne." Er zahlt es nun allen heim. Heute ist er ‚Der Mann' im Geschäft, jeder will ihn, jeder kann ihn brauchen. Doch er ist nicht käuflich, zumindest zu Beginn. Er folgt seinem Herz und bindet sich an das, mit dem er schon immer verbunden war. Es scheint gar unerklärlich wieso er das tut, ihm stehen alle Türen offen. Es tauchen immer wieder Geschichten auf, wie normal sein Leben doch eigentlich ist. Er braucht den großen Trubel nicht, so scheint es. Er wurde jetzt erst alleine in Italien gesehen. Auf der Strandpromenade. Ob der Erfolg ihn einfach nur einsam gemacht hat? In seinem Fall wurde der Erfolg schnell zu Arroganz, welche jeden Erfolg zu einem Vermeintlichen werden lässt. Doch er gibt die Trends vor. Selbst als Trainer ist er es, der es in die Zeitschriften schafft. Es stehen in seiner Generation kaum Spieler auf einer Stufe mit ihm. Er ist der Trainer, der das Spiel neu erfindet. Die Ärmel, von seinem weißen T-Shirt hat er über die Schultern gekrempelt, sodass beim entspannten Laufen entlang der Strandpromenade seine leicht trainierten Oberarme in Erscheinung treten und die Sonne mit ihrem Schattenspiel dies unterstreichen kann. Doch ist sein Laufen nicht wirklich entspannt. Er sieht nachdenklich aus. Die nächste wichtige Saison steht bevor. Er braucht neue Ideen. Seine viel zu große Sonnenbrille mit roten Rändern versteckt gut sein allzu bekanntes Gesicht. So bleibt er unter all den Menschen unerkannt. Die gewollte Anonymität gibt ihm ein Gefühl von Besonderheit. Er befindet sich am Mittelmeer, denn Italien ist sein Wunschort, an dem er seinen Urlaub verbringen möchte. Er könnte überall sein. Er könnte an einsamen Dschungelplätzen Kokosnüsse trinken oder in den größten Städten der Welt flüchtig Passanten aus einem Café beobachten. Doch er ist in Italien, am Mittelmeer. Er liebt die Luft, wenn er das erste Mal aus dem Auto steigt und merkt, dass er angekommen ist. Nach jeder Dusche bekommt er das Gefühl, dass der Abend gut wird. Er sucht sich ein Restaurant seiner Wahl, wartet viel zu lange bis er bestellt und genießt die Wärme in der Luft zur späten Stunde. Er ist ein ruhiger Geselle. Er hat oft das Gefühl, er müsste sich betätigen, irgendetwas machen, was er vielleicht vorher auch noch nie gemacht hat, doch letztendlich bleibt er auf seinem Stuhl sitzen und bestellt nach dem Essen noch gemütlich einen Cappuccino, weil ihm dieser ein Gefühl von Wohlstand vermittelt. Er liebt es, sich kleine Getränke zu bestellen. So ist es für ihn beinahe unmöglich, sich einem Supermarkt oder Café zu nähern und sich ohne etwas zu kaufen wieder zu entfernen. Es sind eben auch genau diese kleinen Momente, in denen er nicht über seine Ausgaben nachdenkt, in denen er sich gut fühlt. Dabei gibt es gar kein Getränk, welches er besonders gut findet. Vielleicht gibt es ein paar, jedoch macht es sich dann nicht dadurch bemerkbar, dass er sie übermäßig häufig kauft. Er liebt Milchshakes. Ganz einfache Milchshakes, doch er kauft sie nicht zu oft. Zu groß ist seine Angst, dass er sie eines Tages nicht mehr auf diesselbe intensive Weise mögen könnte, wenn er sie zu oft konsumiert. Bei Kaffee ist das anders. Kaffee trinken findet er einfach cool. Nicht einmal wegen einem ausgesprochen guten Geschmack. Der Geschmack ist für ihn nur ein Teil des Ganzen und dabei nicht einmal besonders wichtig. Es ist einfach die ganze Prozedur und das Gerede drum herum. „Man bin ich fertig, war eine lange Nacht gestern, jetzt brauch ich erstmal einen Kaffee." „Ohne zwei, drei Kaffee am Morgen ist mit mir nichts anzufangen." Er liebt dieses Gerede um den Kaffee. Somit dauert es nicht lange, bis sein Spaziergang entlang der Promenade in einem Café mündet, in dem er sich einen Kaffee bestellt. Mit Milch und ohne Zucker. Trotz seiner vielen Gedanken über Getränke und auch Speisen sind seine Vorlieben doch sehr einfach. Er isst Pommes ohne jegliche Soßen. Schokolade gibt es nur in Vollmilch und in Smoothies reichen ihm zwei Früchte. Für ihn sind diese Details trotzdem so wichtig, dass man ein Buch über sie schreiben könnte, weil genau diese Details für ihn das Leben genießbar machen, wenn man auf sie achtet. Auch seine Familie ist ihm wichtig. Er weiß, wieviel sie ihm gegeben hat und dennoch bleibt seine Dankbarkeit oft hinter seinem kindlichen Verhalten versteckt. So schnell kann sich jedoch alles ändern! Er rutscht ab. Der einstige Starcoach läuft nun mit gesenktem Kopf durch seinen Garten um seine Haustiere zu füttern. Es sind Zwergkaninchen, zwei Stück. Sie sind sein einziger Gesprächspartner in dieser Zeit. Sein Verein ist mit den Leistungen der Mannschaft nicht mehr zufrieden und nur er selbst ist der, der dieses Problem zu Beginn seiner Karriere beheben sollte und auch konnte. Doch jetzt ist diese Zeit vorbei. Möglicherweise war der Sprung zum besser zahlenden Verein des Ansehens wegen zu früh. Er hatte sich gut entwickelt, doch dies, wegen des Geldes, zu früh abgebrochen. Wieder in die Entwicklung hineinzufinden wird schwer bis unmöglich. Nun ist ein Campingplatz am Strand von Italien nicht mehr sein Wahlort, es ist der einzige Ort, der einzige sonnige Ort, an dem er nun seinen Urlaub verbringen kann, denn so schnell sein Ruhm verschwand, so verschwand auch sein Geld und Vermögen. Er läuft mit leicht verkatertem Blick entlang der Strandpromenade. Seine Stirn liegt in Falten, seine ausgetrocknete Haut beginnt sich zu schälen und sein Gang ist schwer. Seine Augen versteckt er hinter seiner großen Sonnenbrille. Er trägt sie nicht, weil es zu hell ist. Das Sonnenlicht ist für seine Augen kein Problem. Ehrlich gesagt findet er es sogar störend, die ganze Zeit eine Brille auf der Nase zu tragen. Es nervt ihn. Wenn er sich bückt oder seinen Kopf nur leicht nach unten lehnt, um lediglich das Cover einer Zeitschrift zu betrachten, rutscht das runde Gestell immer ein Stück Richtung Nasenspitze. Das Gefühl, sie könnte herunterfallen, bringt ihn dazu, seine Brille bei jeder noch so kleinen Bewegung seines Kopfes mit Daumen und Zeigefinger zu stützen. Doch trägt er sie, da sie ihm ein Gefühl gibt, er müsse seine Anonymität erzwingen, denn sonst hätte er keine ruhige Minute. Er fühlt sich dadurch einfach besonders, er schätzt sich selbst, in dem er sich ironischer Weise zu jemand anderem macht. Er läuft also mit Sonnenbrille auf der Nase entlang der Promenade. Seine Hände und Arme sind immer in leichter Bewegung. Er bewegt sie langsam, was den Eindruck verstärkt, er würde über so vielem drüberstehen und nichts könne ihn emotional ergreifen. Sein Gang soll auf eine Weise entspannt aussehen, was durch seinen inneren Zwang, dies zu wollen, erschwert wird. Ab und zu streicht er sich langsam das Haar aus dem Gesicht und probiert es hinter die Ohren oder einfach auf den Kopf zu legen. Sein Haar ist schulterlang. Es ist braun mit blonden Natursträhnen. Die Friseure in seiner Kindheit wollten ihn als Model für Haarexperimente auf Messen, doch er hatte zu diesem Zeitpunkt keinen Platz für Gedanken zu diesem Thema, zumal er es damals auch überhaupt nicht cool fand, sich vor vielen Menschen zu präsentieren, noch besser, präsentiert zu werden. Obwohl er nie in so einer Messehalle war, scheint es so, als hätte ihn der Trubel verlassen. Jetzt ist sein Haar fettig. Es sieht aus, als hätte es sich einen glänzenden Mantel übergestreift, um sich vor irgendetwas zu schützen. Bis zum Abend trottet er vor sich hin bis er wahrscheinlich wieder ein Glas ergreifen wird. Er ertrinkt sich gerne in seinem Frust, er kann nie widerstehen, nie. Viele Nächte tummelt er sich in Bars, meist ist er alleine. Die einzige

Gesellschaft erhält er durch Blicke bildhübscher Frauen, die ihn durchdringen, von allen Seiten. Er will auch. Doch er genießt diese Momente so sehr, dass er seinen Körper wie eine gelähmte Statue zurücklässt und wenn er wieder in sie zurückkehrt ist es immer zu spät. Er schwebt mit einer fremden Person, einem fremden Mädchen, einer fremden Frau, in einer Sphäre, die er nicht verstehen kann. Sie kennen sich und tauschen alles aus, sie werden beste Freunde, verlieben sich und verlieren sich. Und dann ist alles wieder vergessen, wenn sie aus seinen Augen verschwindet. Ein Glück, dass sie nicht erkannt hat, wer vor ihr gestanden hat, sonst hätte er sich nicht sicher sein können, ob sie ihn nur auf materiellen Vorteil reduziert. Das ist das Schwere an seinem Leben. Mit dem Erfolg kam neben dem Ruhm die Einsamkeit, die er sich immer gewünscht hatte, aus der er jedoch in der Realität fliehen möchte. Am Ende wird der immer noch junge Starcoach von seinen Mitläufern beschützt, als er betrunken durch die Menschenmengen vor einem Club in seine schwarze Taxe steigt. Mitten in der großen Stadt. Er verlässt sie sobald es hell wird. Das sanfte Rot des Flurteppichs beginnt langsam aus der Dunkelheit zu kriechen, die Bäume stehen still. Es ist ein ruhiger Morgen. Den Dingen entweicht der Geist und die ersten Menschen werden wach. Der Junge macht die Augen auf und blickt durch sein kleines Kellerfenster und sieht wie sich himmelblau und sonnengelb im ersten Moment des Betrachtens vermischen. Schnell gewöhnen sich seine Augen nicht an die jeden Tag neu entdeckte Helligkeit, doch kennt er diesen Ort bereits zu gut, um sich soweit zurecht finden zu können. Es ist bereits gut ein Drittel des Tages vorbei, doch das weiß er zu diesem Zeitpunkt nicht. Für ihn gibt es oftmals keine Zeit, es gibt für ihn nur Anweisungen und Verabredungen. An diese Beiden, sofern sie rechtzeitig gegeben und getroffen wurden, hält er sich auch. Er kommt normalerweise nicht zu spät und führt die selten gegebenen Anweisungen aus, die er bekommt. Es gibt nicht viele Menschen, die ihm sagen, was er zu tun hat, doch klammert er sich oft an Menschen, um zu wissen, was er zu tun hat. Alleine fehlt ihm oftmals die Leidenschaft für seine Vorlieben. Mit anderen, in Gruppen und Klassen versteht man schnell, was seine Vorlieben sind, zumindest denken die meisten Menschen um ihn herum, sie wüssten was er mag und vielen ist es auch egal. In Klassen ist er keine Person, die im Mittelpunkt steht. Er fühlt sich dabei nicht fehl am Platz wegen der gewonnenen Aufmerksamkeit, die er liebt, er versteht nur einfach nicht, wie er jemandem so wichtig werden kann, dass diese Person mit ihm den Augenblick verbringt, und nicht mit jemand anderem. In einer Gruppe von drei ist er es, der vorweg oder hinterher läuft, und er ist dankbar dafür, dass sich die anderen beiden alleine unterhalten können. Dennoch fehlt ihm alleine etwas. Er ist keineswegs einsam, wenn er alleine ist. Ganz im Gegenteil, er liebt die Einsamkeit, nicht so, dass er sie immer ertragen könnte, aber so, dass er es genießt, wenn er alleine in einem Restaurant sitzt und niemand auf seinen Mund oder Teller guckt. Er selber glaubt, es sei seine Bestimmung, die ihm fehle. Dann steht er auf und stolpert über sein Spiegelbild. Er guckt in einen Spiegel, der seinen Körper zu einem Großteil einfängt und ehrlich gesagt ist er nicht über diesen Körper gestolpert, er hat ihn vielmehr gesucht und gefunden. Er sieht nicht allzu schlecht aus, seine Statur ist im Mittelfeld anzusiedeln, sein Haar ist voll, sehr dicht, seine Knöchel sind nur leicht nach innen fallend und seine Nase ist noch nicht zu alt, sodass man sie als zu groß beschreiben müsste. Die meiste Zeit ist er damit zufrieden, häufig das Einzige, was ihm bleibt. Er guckt sich weiter an. Nie hatte ihn jemand zuvor so angeguckt. Niemand hatte sich je so für seine Erscheinung interessiert, wie er sich für sie in diesem Moment. Seine Gedanken verlieren jegliche Fäden, die sie vorher auch nur sporadisch hatten. „Eigentlich ist nichts falsch an mir. Ich kann alles machen, zumindest kann ich alles probieren, ich könnte also alles einfach mal probieren." Er hat wieder Kraft, da ist er wieder! Er ist wie so oft der Retter, wie könnte es auch anders sein, seine Fähigkeiten besitzt man nicht mal eben so. Dafür muss ein Mensch bestimmt sein, so zu sein, so zu sein wie er es ist. Es ist eine Art von Auserwähltheit. Er ist der, den jeder eben auf diesem Gebiet fragen muss, wenn es alleine nicht machbar ist. Es gibt immer in den verschiedensten Bereichen Unterbereiche und in den verschiedensten Institutionen oder Vereinen wiederrum kleine Bereiche, die zusammen das Ganze bilden. Hinzu kommt, dass es sich schnell herumspricht, wenn jemand einen Bereich beherrscht, als habe er nie etwas anderes gemacht. Zu diesem Jemand wird hinaufgeschaut und fantasiert, wie es wäre, genauso zu sein. In jeder möglichen Situation strahlt er die Ruhe aus, die die anderen zur Ruhe bringt. Neben all diesem Herausstechen ist es ihm trotzdem möglich, dies nicht zu merken, denn er ist nur das, was er ist. Er denkt nicht darüber nach, er ist es einfach. Das kommt an, bei all den Menschen, die mit ihm ein Gebiet teilen. Die Menschen freuen sich ihn zu sehen, schauen im gleichen Moment zu ihm auf und möchten ihn umarmen, nur umarmen, die ganze Zeit, doch er ist zu groß, denkt man, eigentlich ist er ganz nah. Er ist genauso ein Rätsel wie ein offenes Buch. Er lässt auch jeden lesen, aber nur wenige wirklich verstehen. Morgens kommt er zu seinem Platz. Er bringt seinen heißen Kaffee ohne Zucker und trägt seine täglich durchhaltenden weißen Sneakers. Er benutzt sie solange, bis sich der Kleber dem Stoff entzieht und der innere Kern zum Vorschein kommt. Schuhe sind für ihn kein Fokus. Sie laufen neben ihm her und sind einfach dabei, doch von außen betrachtet zeichnen sie ihn aus, denn Schuhe zeichnen Menschen aus. Er hat eine ausgefallene wie unauffällige Kleiderauswahl. Er besitzt viele Sachen, doch trägt er nur die einen. Die Hälfte verstaubt, weil sie sein morgiges Auswahlverfahren nie besteht, vielleicht in ein paar Jahren wieder. Seine äußere Erscheinung ist im Gegensatz zu seinen Gedanken und seinen Werken ein weißes Blatt oder eine graue Maus. In seinen Gedanken lässt sich die wahre Farbe und Helligkeit finden, die in seiner Erscheinung verloren geht. Nur sind da seine Augen, in denen die Frauen das Meeresrauschen sehen können, doch er schließt sie. Er kann die Welt regieren, doch scheitert er auf einem kleinen Stück Erde. Er kommt wieder nach Hause. Er hat viele Termine und die Zeit zwischen diesen ist für ihn nicht erlebbar. Damit meint er, dass diese Zeit in seiner Rekapitulation eines Tages oder eines Zeitraumes keinen Platz einnimmt, er wird sie nach ihrem Ablauf vergessen und aus der Geschichte seines Lebens streichen, er kann sie zumindest übermalen. Allerhöchstens sind die Zwischenräume Anhängsel der Termine, aber keinesfalls erlebbare Zeit. Sie sind nur die Zeit, in der er Termine verlässt oder sich auf Termine vorbereitet. Dabei ist er immer alleine, denn wenn er nicht alleine ist, dann ist es automatisch ein Termin. Termine können auch durch Zufall entstehen, wenn er einen alten Freund in der Stadt trifft und mit ihm indische Nudeln essen geht. Das ist auf jeden Fall ein Termin. Infolge dessen hören sich seine Erzählungen auf die Frage: „Wie war dein Tag?" immer aufregend und ausgefüllt an. Er selbst findet genau dies nicht, zumindest hat er es nie in Erwägung gezogen, doch war er immer schon verblüfft über die hohe Dichte von lustigen Momenten in den Geschichten anderer. So werden aus lustigen Momenten des Quatschens schnell traurige Momente der Reflektion. Sein Drang zur Selbstreflektion hängt an ihm wie ein Anker an einem Boot, nur dass seiner auf Grund liegt, während er meint im Wind zu segeln. Sport macht er trotzdem gerne. Er hat erst spät verstanden, dass er den Sport machen kann, der ihm gefällt und Spaß macht. Das lag daran, dass er lange nicht den Drang hatte, gefestigte Strukturen aufzubrechen. Selbst, wenn die Strukturen ihm nicht gefielen und Magenschmerzen bereiteten, änderte er nichts, denn die Hauptsache war, sie waren gefestigt. Denn keine Magenschmerzen waren so groß, wie die Magenschmerzen vor dem Sprung in ein neues Becken mit vielen neuen Fischen. „Wieso sollte man also Veränderungen in bestimmten Bereichen von sich aus antreiben, wenn es doch genug andere Bereiche gibt, in denen Veränderungen automatisch passieren?", dachte er sich. Auch sein persönliches Umfeld hat immense Bedeutung um sein wahres Ich zum Vorschein zu bringen. Er tut dies nicht oft, dabei ist es nicht einmal seine Schuld, denn wie sollte er etwas ihm völlig Unbekanntes zeigen? Musik sucht er nicht daran aus, bei welchem Beat sein Herz mitschwingt und sich sein Gehirn auszuschalten beginnt, er will vorher eine Bestätigung, eine sicher abgesteckte Zone, in der er sich bewegen kann ohne die Gefahr, daneben zu treten. In dieser Zone kann er dann Spaß haben und den hat er dann auch. Er findet oft Dinge interessant und cool, die andere besitzen oder die von anderen bejubelt werden. Er will so sein wie jemand anderes, doch will er gleichzeitig er selbst sein, denn was er selbst wirklich will ist so zu sein wie der andere. Genau das ist sein eigener Wille. Dennoch fühlt er sich nach anfänglicher Euphorie immer unsicher, weil der Anteil des anderen steigend ist. Endlich geht er auch mal wieder Sport machen. Sein Leben, das viele Hin und Her machen es ihm schwer, Zeit für sich selbst zu finden. Diese nutzt er jetzt um sich fit zu halten, um den verwischt skizzierten Alltag zu überstehen. Er fällt auf, unter all den Leuten sieht man ihm an, wer er ist. Es liegt nicht einmal an seinen Klamotten, es liegt auch nicht an seinen Haaren oder dem schwarzen Nagellack. Es liegt an seinen Bewegungen, an seinem Blick, seinen Gedanken. Er bewegt sich langsam, als wäre er die Ruhe selbst, es scheint nicht so als wäre dieser Mensch mit dem Ziel Sport zu machen unterwegs. Die Musik hämmert laut und deutlich durch den Raum. Sie ist es, der er Aufmerksamkeit schenkt. Seine Knie wippen im Takt und er hat Taktgefühl. Er hat es nicht nötig viel Sport zu machen, seine Leidenschaft liegt an anderer Stelle und das wissen jetzt auch alle. Innerhalb von einer halben Stunde gleicht er große Muskeln mit gefühlvollem Wippen seiner Knie und schnellen kleinen Bewegungen seiner Finger aus. Ohne zu trainieren macht er Sport auf Augenhöhe. Und das weiß er. Genauso fühlt er sich, genauso wird er gesehen. Er wird gefragt, was Sport für ihn sei, woraufhin er nur meint: „Ein Lückenfüller." Er lebt seinen Tag häufig zurückgezogen. Auf Bildern lacht er dennoch meistens und strahlt die Liebe zu dem aus, was er macht. Er scheint sich, mit dem was er tut, gefunden zu haben. Neben der Stille liebt er auch sein lautes Dasein. Zu lauter Musik ändert sich sein ganzes Körperverhalten von verhalten bis hin zum Verlust jeglicher Hemmungen. Dieses Schauspiel kommt nicht häufig zutage. Wenn er es tun wollen würde, dann wartet er, denkt und lässt es. Seine Gedanken wischen jede waghalsige Aktion, mit der er sich ganz ins Abseits schießen könnte, aus seinem Programm. Jetzt ist es Abend. Er hat den ganzen Tag damit verbracht, Dinge zu lernen, die er sich als seine Leiden-schaften vorstellt. Sein Erscheinungsbild ist dabei das genaue Gegenteil zu seiner Gefühlswelt, denn nichts an ihm weist in irgendeiner Weise daraufhin, wie es ihm geht. Er schiebt ein altes Rennrad vor sich her. Es gehört nicht ganz ihm, es gehört seinem Vater, doch kann dieser es nicht mehr fahren, da sein Rücken im Alter bereits den Weg dafür versperrt. Das tiefe Bück-en ist für ihn nicht mehr möglich. Somit ist es nun der Junge, der sein altes Rennrad vor sich herschiebt. Zu dem Fahrrad kommen Jeansjacke und Mütze. Die Mütze trägt er bei angenehmer Außentemperatur und eine Jeansjacke tragen Leute mit Charakter. Er selbst weiß, wie er aussieht, doch weiß er auch was ihm fehlt, der passende Gesichtsausdruck. Diesen kann er nur im wirklichen Leben dieses Styles find-en. Masken passen leider zu keinem Style. Langsam kommt er dem Weg am Wasser näher. Er hebt sein rechtes Bein weit nach oben, um überhaupt über den großen Rahmen des Fahrrads zu kommen. Die Ped-alen nerven ihn. Jedes Mal, wenn er losfahren will, muss er mit äußerster Geduld seinen Schuh in die Lederschlaufe zwängen. Wenn das Fahrrad rollt ist der zweite Fuß dran. Jetzt geht der Blick nach vorne. Er wirkt nachdenklich und sein nächster Schritt steht in den Sternen. Er hatte es allen versprochen, die ganz große Trophäe zu holen. Viele haben ihm das auch geglaubt. Die erste Saison verlief wie nach Plan. Am Ende stand man an der Spitze der Tabelle und hatte dies mit einer fast schon arrogant wirkenden Locker-heit erreicht. Er hatte viele Altmeister in das Team gelotst, die sich die anscheinend letzte reale Chance auf die Spitze der Welt nicht entgehen lassen wollten. Sie traten also für ihn an. Sie setzen alles in seine Strategie des Erfolges. Dann war es soweit und man konnte sehen, dass er ein Team geformt hatte, dass auch mit den ganz großen Mächten mithalten kann. Ein zweiter reiner Durchmarsch war sein zweites Kapitel, bis kurz vor Ende der Zeit. Die Überraschung der Finalpleite war den Spielern ins Gesicht geschrieben. Er hatte das Erreichen der Spitze der Welt innerhalb von drei Jahren prophezeit, jetzt zeigte sich, wie leer das alles war, wie zerbrechlich das Fundament doch gewesen war. Im Handumdrehen verwandelte sich die Erfolgsgeschichte zu einem großen Schwindel, der keine Sympathie verdient hatte. Es gab auch keine Basis, von der aus man nun neu beginnen kann. Er hatte alles auf eine Karte gesetzt und muss nun von neu anfangen. Wenn er heute in der Natur spazieren geht, dann besteht diese aus Beton und Kunstrasen. Er trägt Sportschuhe. Er ist keiner von den Menschen, die sich optisch von denen unterscheiden müssen, die sie trainieren. Aber auch die kurze Hose macht keinen entspannten Eindruck. Die Krawatte aus Papierservietten wird immer enger. Unter den Verantwortlichen ist er ein Freigeist, er hat die Visionen. Bei wichtigen Treffen, bei denen die anfängliche Stimmung einer Beerdigung gleicht, setzt er sich auf den Tisch und beginnt zu dirigieren. Es scheint Sommer zu sein, denn seine Sandalen sind nicht nass vom Duschen. Er legt sein Kinn auf seine Faust um es danach direkt wieder zu entfernen und mit aufgeregten Armbewegungen seine neuen Ideen in den Raum zu werfen. Es wird bunt im Raum, seine Innovationen sprudeln nur so aus ihm heraus, es scheint, als ob er hier seinen Platz gefunden hat. Dies muss sich allerdings erst noch zeigen, indem seine Pläne auch funktionieren. Erstmal muss man ihm wieder vertrauen, er ist zuhause. Auch zuhause trägt er die Klamotten von nur einer bestimmten Marke. Es sind Klamotten von einer Sorte oder Marke, wenn darin ein Unterschied liegt. Es geht dabei um Klamotten, die viele Menschen gerne hätten, die sie sich jedoch teuer kaufen müssen. Er bekommt stattdessen Geld dafür, er promotet. Andere sehen das kleine Schild an seiner Hose und wissen, dass sie diese Hose auch brauchen. Ihm sind die einzelnen Teile nicht wichtig, dadurch entsteht der lässige Eindruck, wenn die teuren Moden einfach an ihm herunterhängen, ohne dass er ihnen auch nur die geringste Aufmerksamkeit schenkt. An sonnigen Tagen holt er die T-Shirts mit dem kleinen Logo über dem Herzen heraus. Diese trägt er am Häufigsten, kleines Logo über dem Herz, großes Logo auf dem Rücken. Er hatte bisher schon viele Marken und fast all seine Lebensbereiche sind vermarktet. Ob es um Instrumente, Fahrzeuge, Unterhosen oder Duschen geht, jeder Bereich hat seine Marke, die sich nur mit wechselnder Gage ändert. Er hat heute nichts mehr vor. Der Fernseher ist an, es läuft nichts. Leere Beschallung durchspült seinen Kopf. Die Wellen schlagen von einer zur anderen Wand. Aber es ist ein angenehmes Schlagen, welches seinen Blick in Richtung der verschwommenen

Spiegelbilder auf den Glasfenstern der Holzvitrine lenkt. Er erkennt den Balkon des Nachbarhauses, wie sich ab und zu ein paar Gestalten von rechts nach links bewegen, wie sie sich hinsetzten und nicht mehr aufstehen. Die große grüne Wand ist der Kirschlorbeer. Er bildet die untere Hälfte, ab dem schwarzen Balkongeländer mit den schwammigen Konturen. Darüber die weiße Hauswand mit Fenstern, die ein paar Senkrechten hinzubringen. „Das wär ein schönes Gemälde", murmelt er leise vor sich hin, als wolle er, dass jeder diese Erkenntnis mitbekommen könne und er aber gleichzeitig merkt, dass er alleine ist. Wenn er beginnt, sich zu setzten um nichts zu tun, dann weiß er genau, dass der Moment, in dem er dies noch verhindern hätte können, nun vorbei ist. Er weiß genau, dass eine Stunde das Minimum an Zeit ist, die er nun verlieren und an Leere gewinnen wird. Er muss es trotzdem machen, denn er ist ein Träumer. Ein Fenster oder ein großes Bild sind stets Gefahren für seine Konzentration. Nach der Stunde steht er trotzdem auf, denn er trifft sich mit Leuten. Morgens sind sie alle wieder versammelt. Alle starren zusammen auf dieselbe Tafel und lesen das gleiche Buch. In einem Satz fällt das Wort „vergewaltigt". Er beginnt aus dem Fenster zu starren. Auf einmal ist er völlig weggetreten. Er hält sich kurz die Augen und starrt weiter von oben auf den grünen Park. Alles was gerade gesagt wird geht an ihm vorbei. Es ist für ihn nichts mehr wichtig, denn er schwebt in seiner Vergangenheit. Nicht er selbst ist betroffen. Er ist nur indirekt betroffen. Seine Vergangenheit war nicht immer leicht und diese Erfahrung würde er gerne aus seinem Kopf streichen, nicht die Bekanntschaft, doch die eine Erfahrung. Seine mit viel Liebe verbundene Bekanntschaft war es ihm wert. Nichts hätte ihn davon abhalten können zu kämpfen, doch hat es ihn am Ende kaputt gemacht. Am Ende steht er alleine da und sitzt alleine hier, mit allen zusammen doch einsam mit seinen Gefühlen. Doch ist nicht jeder Moment gleich. Denn gleich darauf erfasst ihn die Diskussion und er steht auf. Er beginnt mit faszinierenden Augen zu reden, er sprudelt mehr als dass er erklärt. Die Meinung des Ruhigen, der voller Leid zu sein scheint, überrascht. Er hat bisher nie viel gemacht, doch passiert viel in seinem Kopf. Er kämpft Schlachten, so scheint es, wenn jetzt alles herausströmt und es zu einer großen Rede mit schnell feuernden stimmigen Einwänden kommt. Es gibt zwei Dinge, die er wirklich liebt, besser gesagt, von denen er fasziniert ist. Er liebt sie, wenn er sie sich vorstellt, wenn er sie sieht oder wenn er sie wirklich miterlebt. Diese zwei Dinge sind zum Ersteren Überraschungsmomente, in denen Menschen zeigen, was sie wirklich lieben und können. Dabei ist die Richtung, in die die Verblüffung geht, egal. Das andere ist mehr eine undefinierbare Masse, welche in seinen Gefühlen und um ihn herum gegenwärtig ist, wenn er durch ein Ort geht, den er vor langer Zeit regelmäßig besucht hat, oder einen Tonfolge hört, die ihn am anderen Ende der Welt regelmäßig für die Arbeit geweckt hat, wenn er durch eine Stadt läuft, die ihm gefällt, wenn er mit Menschen zusammen ist, die er nicht mag. Er beschreibt es als eine Art Gefühl, das in der Luft ist und doch nur für ihn bestimmt. Und er würde gerne ein Instrument beherrschen, jedoch glaubt er an Talent und er sieht sein Talent bislang nicht in der Musik. Seine Stimme reicht gerade einmal für die Play Station und seine Fähigkeiten mit der Gitarre sind an keinem Lagerfeuer erwünscht. Zu unflexible ist das, was er spielen kann. Er hört von anderen, dass sie Bands beigetreten sind oder dass sie bereits in Bands spielen, woran er seinen Stand misst. Auch würde er gerne all seine Bücher gelesen haben, er würde sie nicht gerne lesen, aber er würde sie gerne gelesen haben. Er liebt Bücher. Er liebt den Geruch, wenn er sie in der Mitte aufschlägt und seine Nase zwischen die Seiten hält. Er liebt die Einbände, die weichen und die festen und die Bilder und die mit der Schrift, die manchmal sogar ein wenig hervorsteht, sodass man spüren kann, dass wirklich Blut auf dem Drama ist. Doch liest er nie, zumindest selten und wenn nur, wenn er den Text für eine Aufgabe braucht. Er liebt das Feeling, doch die Ausübung, es wirklich zu leben ist ihm zu fremd. Dann bekommt er Hunger und geht schnell in die Mensa. Er kommt hinein und alle Blicke sind auf ihn gerichtet, nicht weil er komisch aussieht oder weil er etwas Dummes gemacht hat, sondern einfach, weil jeder seine Aufmerksamkeit haben möchte. Er kommt herein, freut sich ebenso alle zu sehen und nimmt sein Tablett. Die Frauen hinter dem Dresen können schon fast ahnen was er denn möchte, denn sie kennen ihn bereits so lange, dass sich die meisten der Gerichte bereits wiederholt haben und sein Geschmack immer in eine Richtung tendiert. Alle drei Personen hinter ihm nehmen das Gleiche. Er bezahlt und geht nach draußen, wo sein Platz bereits auf ihn wartet. Er wird herzlich in die Gruppe aufgenommen und es entsteht das Bild eines Gefüges, als wäre er schon immer da gewesen. Gegenüber von ihm sitzen zwei Bekannte, ein wenig älter als er, die sich bis zu diesem Zeitpunkt aufgeregt über ihr lustiges Leben unterhalten hatten. Nun schenken sie ihm ihre Aufmerksamkeit und wollen wissen, was er denn so am Wochenende gemacht habe. Seine Antwort kommt ruhig und gelassen und enthält all die Fröhlichkeit, die er erfahren hatte. Er ist mit einer Gruppe seiner Freunde in einer anderen Stadt unterwegs gewesen und hat dort nicht viel geschlafen, weshalb sie ihm seine Augenringe doch bitte verzeihen möchten. Daraufhin begleiten sie ihn noch ein Stück bis er entschlossen seines freien Weges geht. Er ist gerne mit anderen zusammen, aber wenn er mit anderen zusammen ist, dann vergisst er schnell seine eigenen Interessen und merkt erst am Ende des Tages, dass alle ihres Weges gegangen sind und er sie gebracht hat, so scheint es ihm. Jetzt ist wieder so ein Abend. Er kommt nach Hause, stellt sein Fahrrad hinter das Haus in den Garten anstatt es mit in den Hausflur zu tragen. Er möchte den Boden nicht dreckig machen. Mit nassen Schlappen betritt er den Flur und merkt, wie er Berge von Laub mit hineingebracht hat. Es macht ihm nichts, es wird schon irgendwann weggehen. Seine Jacke muss er über den Kopf ausziehen. Für ihn fühlt es sich nach unendlicher Anstrengung an, ein unüberbrückbarer Schritt, der ihm jeden Tag auf die gleiche Weise lästig erscheint. Aber er zieht sie trotzdem aus, bevor er sich auf den Teppich fallen lässt. Er könnte von hier aus leicht die Decke betrachten, doch er schließt die Augen und dreht seinen Kopf zur Seite. Er ist wieder alleine. Er rollt sich auf den Bauch und sieht sich im Spiegel, der einfach auf den hölzernen Schuhschrank geklebt ist. „Was mache ich hier schon wieder? Was mache ich hier eigentlich?" Sein eigenes Hinterfragen ändert nichts an seiner Position. Das Einzige, was sich ändert, ist, dass er sich wieder auf den Rücken legt. Die Decke ist auch aus Holz. Sie steht im Kontrast zu dem kalten Fliesenboden, nur der Teppich hält die Kälte ab. Seine Haut ist auch kalt. Aber das ist fast immer so. Er geht davon aus, dass wenn sich seine Haut kalt anfühlt, sein Körper die Wärme gefangen hält und ihn warm hält. Also hat es nie Sinn für ihn gemacht, wenn seine Mutter sagte: „Deine Arme sind kalt, zieh dir einen Pulli an!" Auch der kalte Bauch seines Vaters war für ihn nie bedenklich. Die Deckenlampe hat vier einzelne Birnen. Sie alle gehen beim Anstellen nacheinander an und erlöschen langsam im selben Moment. Er findet sie schön. Generell findet er die gesamte Inneneinrichtung des Hauses ganz schön. Er mag die grüne Küche, das hölzerne Treppenhaus und auch die bunten Schwingstühle am Esstisch. Er hatte viele gute Jahre mit diesen Möbeln. So wie er auf dem Boden liegt zögert er, wenn er liebt, bis er dann zulange gezögert hat, sodass ihm schon die Puste ausgegangen ist und er sich fühlt, als wäre die andere Person nur noch in seiner Vergangenheit präsent.

Es ist Samstagabend geworden und das Wetter übertrifft sich selbst. Gut, dass es einen Garten gibt. Die Stimmung ist angenehm und die Musik bleibt im Hintergrund. Draußen ist eine gemütliche Sitzecke aufgebaut. Mädchen und ein Junge sitzen dort, mit denen er sein Spanisch aufbessert. Er kommt gut an und bringt die Leute zum lachen. Nach einer Weile merkt er, wie ihm die Langeweile in den Kopf steigt und er sucht das schöne Mädchen, das er schon einmal gesehen hatte. Ihm ist oft das Reden über Liebe zu beklemmend, trotzdem findet er es schön, dass es das gibt, weil jeder von dieser Welt mit anderen Maßstäben zu wissen scheint, was sie bedeutet und alle dort einen Platz haben. Er hat sie einfach angesprochen, auf eine erwachsene Art. Sie hat ihn angeschaut und sie haben sich angeschaut. Sie haben die Nacht zusammen getanzt. Sie kann gut tanzen und sie hat nur für ihn getanzt. Es ist nicht zu übersehen, dass diese beiden Menschen sich verstehen. Als er sie auf die Stirn küsst schmiegt sich ihr Körper an seinen und die Gerüche der Freude und Aufgeregtheit springen über und vermischen sich, sodass nichts mehr dazwischen zu passen scheint. Am nächsten Morgen steht er auf, putzt sich die Zähne und trifft dabei immer wieder empfindliche Punkte am Zahnfleisch, welche durch den Alkohol besonders gereizt wurden. Er guckt dabei in den Spiegel und fühlt sich, als würde er durch sich hindurch gucken. Sein Blick trifft auf keinen festen Punkt. Wie in Trance rutscht er entlang der Waschbeckenkante hin und her. Seinem Ungeschick ist zu schulden, dass jetzt seine graue Jogginghose einen nassen Abdruck da hat, wo sie eben das Waschbecken berührt hat. Sein eigenes Ungeschick ist nun das Einzige, was ihn aus seinem Traumzustand befreien kann, indem er beginnt sich tierisch über sich selbst aufzuregen, er ballt die Fäuste und sein Oberkörper krampft vor lauter Kraft, sodass er sich ein wenig nach vorne beugt. Er will so gerne gegen den Türrahmen schlagen, doch er tut es nicht. Sein Nacken zieht sich zusammen, auch, weil seine Kopfhaut juckt und er sich nicht im Stande fühlt, etwas dagegen zu tun. Er dreht sich um und geht zurück ins noch dunkle Zimmer. Er setzt sich auf die Couch, diesmal aber ohne Fernseher. Es ist draußen ein sonniger Tag. Die Sonne scheint auf die Ziegelsteinfassade und hervorstehende Fensterbänke und Risalite, die sich in senkrechter Linie über der Eingangstür anordnen, werfen kleine Schatten. Das Fenster ist geöffnet, sodass auch im kleinen Zimmer die Vögel zu hören sind. Die Vögel scheinen wie Dirigenten, die die Sonne an diesem Tag an den Himmel gebracht haben. Drumherum nur das unendlich Blaue. Die weiße Bettwäsche ist zusammengenknuddelt an die Heizung geschoben, damit er die Wärme spüren kann. In seinen Ohren hört er schon das Pfeifen der Kaffeekanne, bis er aufsteht und sich welchen macht. Mit nackten Füßen läuft er über den schon fast renovierungsbedürftigen Holzboden, der aussieht, als wäre er mal als Parkett verlegt worden. Aber durch sein helles Holz macht er Staub unsichtbar. Der Kaffee tut gut. Von der Fensterbank aus sieht er Fahrrad nach Fahrrad, Auto hinter Auto, alle in ihrer morgendlichen Hektik. Zwei Fahrräder fahren nebeneinander, bis das

Auto hinter ihnen anfängt zu hupen. An diesem Morgen wirkt selbst das Hupen entspannend, als dürfte es an einem guten Morgen nicht fehlen. Die Straße auf die er blickt ist nicht die Hauptstraße. Hier ist neben der Bewegung noch friedliches Leben zu beobachten. Wenn ihn jemand sehen könnte, dann würde er dieses Bild vervollständigen. Es ist einer dieser Morgende, an dem er weiß, dass nach dem Kaffee kein alter Stress vom gestrigen Tage hochkommen wird. Es ist ein Morgen, an dem er sich gemütlich in eine kurze Hose schwingt und die Haustür ohne sie abzuschließen nur anlehnt. Während er ein Teil des Straßenlebens wird pfeift er mit den Vögeln, das ihm den Glauben erhält, auch ein Teil der Natur zu sein. Auf dem Weg trifft er eine Freundin. Er kommt mit ihr, denn an sein eigenes Ziel kann er sich nicht mehr erinnern, nur ist er froh, es auch nicht unbedingt zu müssen. Allgemein gesprochen hat er ausgesprochen viele Ziele. Er würde gerne mit Stoff arbeiten, nicht direkt mit Stoff, eher mit Kleidern. Er findet unbrauchbar lange Kleider braucht es noch in der Welt, aber seine Kleider sollten wirklich unbrauchbar sein und gleichzeitig die Maßlosigkeit und die Beschränktheit der Menschen zeigen. Er würde gerne mit Pulver malen. Er weiß selber nicht wie er das anstellen soll, aber die Optik gefällt ihm. Wenn er an seine Visionen denkt, dann sieht er sich in Magazinen, er sieht sich mit zahlreichen Tattoos, die seinen inneren Frieden nach außen tragen. Dann träumt er sich weg. Doch sobald er vor den Spiegel tritt merkt er wieder, er ist immer noch der Junge, der weit von seiner Bestimmung entfernt ist. „Du siehst aus als könntest du es schaffen. Du siehst aus als könnten dich die Leute lieben und um einer von den Großen zu werden musst du nicht mal einer von den Großen werden." Alle sitzen draußen auf der Wiese. Die Sonne hat den ganzen Tag gut überstanden und es scheint weiterhin so, als würde sie sich ihre Pause für die Nacht aufheben. Er hatte seine Pause bereits und ist wieder zu spät. Er reiht sich in die zweite Reihe und beobachtet das Geschehen. Man diskutiert gerade über eine Diskussion. Er braucht nicht sehr lange um zu verstehen, dass der Knackpunkt bis jetzt nicht erfasst wurde. Genau da setzt er an. Ein zustimmendes Nicken macht die Runde. Es geht um Bilder. Er hat sich immer mal wieder mit der Geschichte befasst und klingt bestens informiert. Bis alle wieder gehen dauert es ein bisschen. Der Rasen ist ganz platt gedrückt an den Stellen, an denen eben noch Menschen saßen, die sich nun auf ihren Weg zu ihrem Abendessen gemacht haben. Die einen holen sich zusammen eine Pizza, die anderen gehen nach Hause und bekommen vorgesetzt was es nun einmal an diesem Tag gibt und die letzten mixen sich ein Gericht aus ihren Resten zusammen. Er selbst weiß noch nicht was er essen wird. Vielleicht isst er auch nichts, weil er im Moment noch keinen Hunger hat. Wenn er also vorher schlafen geht, dann könnte er sich eine Mahlzeit sparen. Er hat immer öfter den Hang und auch irgendwie den Drang dazu, seine eigenen Macken in seinem Alltag immer mehr auszuleben. Früher hat er sich immer entschuldigt, heute glaubt er an Dinge, die wichtiger sind als einzelne zwischenmenschliche Beziehungen. Von der Morgenfrühe, die kurz nach zwölf beginnt, bis in die Abende umgibt er sich mit strengen und weitgefassten Themen. Er fühlt sich dazu berufen. Nur die schöne Blonde hilft ihm. Sie redet mit ihm nicht über diese Themen. Sie redet mit ihm über ihre Themen und ihre gemeinsamen Themen. Seine Hingabe zu ihr ist so groß, dass mittlerweile ihre Themen auch ihre gemeinsamen Themen geworden sind. Er freut sich, wenn sie redet, selbst, wenn er es nicht versteht. Wenn er sie nicht versteht merkt sie wie sich sein Zuhören in ein verträumtes Grinsen verwandelt. Dabei kann sie ihm nicht böse sein, da er ihr immer noch aufmerksam zuhört und es scheint, als würde er es verstehen wollen. Doch sie weiß, dass er genau das nicht tut und dann legt sie sich in seinen Arm und seufzt zufrieden, als hätte sie sich eine große Last von der Seele geredet. Er riecht in ihren Haaren. Eigentlich mag er lieber brünette Haare. Ihre Haare riechen aber genauso gut und bei diesem Gedanken wird aus seinem Grinsen ein kurzes stilles Lachen, welches ihre gemeinsame Ruhe nicht zu stören scheint, sondern sie umgibt wie ein weiches Tuch von Fröhlichkeit. Er wacht wieder auf, doch hat ihn die Müdigkeit in den Knochen nicht verlassen. Er füllt seine Wangen mit Luft, schließt die Augen und atmet laut aus. Sein Körper liegt flach auf der Matratze, als habe er ihm sein Inneres hinausgepustet. Die Decke ist weiß. Sein Kopf ist leer. Er hat nichts im Sinn, keinen Funken Energie und trotzdem ist der Druck da etwas zu tun, von dem er meint, dass es von außen so aussehen könnte, als würde er etwas tun. Er steht auf und schlürft über den Teppich. Vor dem Spiegel bleibt er nicht stehen. Auf seinem Weg ins Bad kommt er nicht einmal an ihm vorbei. Zu unwichtig ist sein eigenes Bild für ihn. „Zu einfach gestrickt", meint er, seien seine Sinne. „Besonderes kann er mit ihnen nicht erkennen." Heute hat er den ganzen Tag nur einen Kurs. Den ganzen Tag hat er ein und denselben Kurs. Nach Stunden Stehen beginnt sein rechter Knöchel an zu brennen. Sein Kopf schreit nach Tabletten und sein Portemonnaie wünscht sich die Nüsse wieder zurück hinter die Theke. Er guckt aus den großen Fenstern auf die grüne Wiese. Er fällt hinaus und landet weich. Seine Erscheinung bleibt unauffällig, doch sein Image hat sich schon in seinen jungen Jahren rasant zu dem entwickelt, wie es heute bezeichnet wird. Er wird gerne als einer von den Sonderlingen bezeichnet. Er schließt sich in seinem kleinen Zimmer im Obergeschoss ein und nur ein Fenster öffnet den Blick für andere. Der Raum hat zwei Fenster, doch zeigt das Zweite Richtung Himmel. Bis spät in die Nacht brennt das Licht. Er tanzt im Müll und gräbt sich durch seine Gedanken. Seit neuestem lädt er auch ab und zu Freunde zu sich ein, die auf eine Tasse Kaffee bleiben dürfen. Die Gespräche gleichen dann keinen kultivierten, sie sind flach über Geburtstage und Feste. Es entscheidet sich immer spontan, in welche Richtung sich ein Gespräch entwickelt. Dabei handelt es sich keineswegs um unharmonisch oder herrisch angehauchte Gesprächskonstellationen. Er ist nicht ignorant. Meist merken seine Freunde nicht, dass er gerne die Themen aussucht und wenn sie es denn tun, dann scheint es als würden sie ihm gönnen, ein wenig Luft abzulassen. Dass er bei solchen zumeist spontanen Treffen gerne einmal drei oder vier Kaffee trinkt liegt daran, dass er den Konsum nur in dem Moment angenehm empfindet, in dem er auch stattfindet. Seine Freunde trinken selten Kaffee, nur lassen sie ihn ungern alleine trinken. Deshalb gewöhnen sie sich mit der Zeit an einen letzten schon kalten Schluck. Er genießt diese Minuten. In diesen Minuten kann er zeigen, ohne dass er zu erhoben klingen muss, was er denn vermeintlich Tolles geleistet hat. Umso falscher fühlt er sich danach, wenn er merkt, dass es nicht das gleiche bedeutet, wenn er es alleine betrachtet. Sein Kiefer knackt. Als er das letzte Mal seine Zahnbürste benutzt hat, hat es in der rechten Hälfte seines Kiefers geknackt, kurz von seinem Ohr. Jetzt schmerzt es jedes Mal, wenn er die Zahnpasta mit Spucke zurück ins Waschbecken spuckt. Jedes Mal erschreckt er sich, denn so unauffällig der Schmerz am Tag ist, so überraschend kommt er abends wieder. Auch nachdem er sich die Zähne geputzt hat stinkt sein Mund. Er selbst kann es kaum ertragen. Auch wenn er weiß, dass ihm der Geschmack von rohen Zwiebeln missfällt, isst er sie ab und zu ohne an den darauffolgenden Geruch zu denken, der ihm dann abends auf der Couch stetig in die eigene Nase steigt. Sein Tag hat ihm heute nicht gefallen. Sein Kopf juckt und seine Augen brennen. Ob er unter diesen Umständen schlafen kann bezweifelt er, drum harrt er noch ein paar Minuten auf der Couch aus, bis seine Augen das Gefühl für seine Kopfhaut auslöschen. Er geht schlafen in einem weißen T-Shirt, in dem er früher einmal mit blauem Filzstift geschrieben hatte: „Jeder kann Jemand sein. Kommt und macht mit uns die Welt zu einer besseren!" Heute schläft er darin. „Ich will der bleiben, der ich bin." Die nächtliche Straße ist lange. Die Kurven ziehen sich entlang der Spiegelung des gelben Lichts im Regen. Sein rechter Arm wird schwer. Er trägt seine Gitarre. Er trägt sie gerne, denn der Schein macht ihn zufrieden. Zufrieden in seiner Erscheinung. Aber von gerne kann im Moment keine Rede sein, die Dunkelheit drängt seine Erscheinung in ein Gefühl in ihm selbst. Es gibt niemanden, der ihn sehen könnte. Er läuft weiter und sieht kein Ende. Es ist nicht die Steigung, die ihm zu schaffen macht. Es ist die bedeutungslose Stille, in der er keinen Sinn zu sehen vermag. Er ist am Wäldchen angekommen. Die durchschimmernden Laternen leiten ihn magisch die Parallelstraße entlang. Ihm ist kein Material, kein Laut im Weg. Er geht einfach ohne sich zu freuen bis er in seinem Bett schläft. Es geht ans Wasser. Er nimmt ihre Hand und sie schlafen wo die Sonne den Horizont berührt. Alle beide sind in aufgeregter Aufbruchsstimmung. Es geht ans Wasser. Die Richtung steht noch nicht fest. Sie soll auch nicht feststehen. Sie hat zwei Taschen gepackt. Die eine dient der vorausgeplanten Verpflegung, der er sich bei der Zubereitung vollkommen widmen möchte. Es ist ein ungewohntes Bild, doch scheint alles flackernd umrundet zu sein, als würde es kein Leid mehr geben. „Wie kann das sein? Wie kann ich so sein?" Sein ste-

41

tiges Ziel wurde zu einem Feindbild. Zu einem akuten Feindbild. Es scheint als hätte seine Vorstellung seine Wirklichkeit wachgerüttelt. Er wacht auf. Er spürt sich selbst. Er spürt pures Leid am ganzen Körper, in sich, darüber hinaus in allem. Der Raum wird furchtbar klein um ihn und es scheint als gäben die Fenster kein sauberes Licht mehr. Er ist vollkommen wach, wacher als je zuvor und doch ganz beiläufig. Er sieht sich im Bus sitzen. Mit dem Bus ans Wasser. Er weiß, dass die Vorstellung eine traumhaft schöne zu sein vermag, doch er kann sie nicht akzeptieren. Die Vorstellung im Bus zu sitzen und Richtung Wasser zu fahren erscheint ihm als Abkehr von allem Schatten und jeglicher Dunkelheit, der nicht Allen gestattet ist zu entkommen. Wieso also ihm? Er fühlt sich mit allem verbunden und doch so abgeschottet, dass er meint nicht weiter gehen zu müssen. Nichts als das System selbst ist der Tod innerhalb des Systems. Er wird wütend, traurig und hilflos in Maßlosigkeit. Sein Körper scheint sich zusammen zu ziehen. Seine Beine halten dem Boden nicht mehr stand. Er liegt. Er fragt sich, wie er jemals wieder aufstehen soll, wenn sich nichts verändert und wie sich jemals etwas verändern soll, wenn er nie wieder aufsteht? Er muss zu einem der Rädchen werden, die laut Scheiße rufen. Nur durch diese kleinen Rädchen werden die großen in Bewegung gehalten. Aber auch die Großen laufen in einem Motor, der am Ende größer ist. Es macht keinen Sinn. Es hat Sinn aber es macht keinen. Sein Leben erscheint ihm wie unzählige unvollendete Kurzgeschichten, deren Ende er nicht einmal wissen

möchte. Er weiß nicht mehr, wie er Gespräche ertra-
gen soll. Er weiß nicht mehr, wie er einkaufen gehen
soll. Er hat all diese Zweifel bevor er sie gespürt hat.

GEDICHTE UND SÄTZE,

DIE ICH HEUTE NOCH VORLESEN WÜRDE.

LIEBES LEBEN

LIEBE IST EIN SPIEL AUF ZEIT,
WELCHES DIE ZEIT WOHL VERNEINT.
OHNE ZEIT IST DIE LIEBE EIN SPIEL,
WELCHES NACH DEN WEISEN MIT DEM LEBEN EINHERGEHT
RECHT VIEL.
OFFENSICHTLICH GLEICH WAGT DIE LIEBE MIT DEM LEBEN
ZU WANDELN.
SO MÖGEN WIR, WENN WIR DENN SCHON LEBEN,
AUCH SO HANDELN.

DER RAUM RIECHT NACH DIR UND ICH WEISS NICHT
WOHIN,
DENN ICH FINDE IHN NICHT.
ES GIBT KEINEN ORT, NICHTS IST BESTIMMT, NIEMAND
HILFT MIR,
ES ENTSTEHT KEIN SCHATTEN OHNE LICHT.
DOCH DU BIST DA, WIE GESCHRIEBEN AN DER WAND,
MEINE SEGEL REISSEN MICH ENTZWEI,
BITTE LASS MICH NICHT LOS.

ES SIND STARRE BILDER, DIE TREPPE VERLIERT AN STUFEN,
RUDER FLIEGEN DURCH DIE LUFT, GEMALTE BÄUME ER-
HELLEN MEINEN BLICK.
ES IST DIE SCHRIFT DER LEEREN BÜCHER, DIE MIR GE-
HÖRT, JEDER FILM ZEIGT STACHELN OHNE TEILUNG, DU
VERSCHWIMMST IN MIR.
ES GIBT KEINEN STROM DER UNS ENTGEGENTRITT,
DOCH SPÜRE ICH DEN DRUCK, DER DURCH DICH AN-
GENEHM UND GRAUSAM WIRD.
BITTE LASS MICH NICHT LOS.

ICH BIN NICHT WEIT OBEN, DOCH SEHE ICH KEINEN
STEIN DORT MEHR.
MEIN BLICK IST GESCHÄRFT, DEN ICH OHNE NUTZEN
TRAGE.
ER TRÄGT DICH NICHT.
ICH HABE MICH DIR LÄNGST ÜBERLASSEN.
BITTE LASS MICH NICHT LOS.

DER SCHÖNSTE MOMENT MIR DIR,
ÜBER UNS,
WAR NUR MIT MIR.
OHNE DICH,
EINE WIEDERKEHR NUR FÜR MICH.
MIT DIR FÜR MICH,
IST IMMER NOCH OHNE DICH.
ICH SAGE DAS NICHT,
UM DIR ZU ZEIGEN, WIE BEDEUTUNGSLOS DU BIST,
FÜR MICH.
DIE BEDEUTUNG GEHÖRT SEHR WOHL DIR,
AUCH WENN DER GEDANKE NUR MIR.
DU BIST DA,
DER ICH TIEF VERFALLENEN,
ERINNERUNG.

WUNDERVOLLE STADT

ICH LIEBE DICH OH WUNDERVOLLE STADT,
ICH LIEBE ALL DEINEN KITSCH UND DEINE PANORAMA-
BILDER.
ICH LIEBE, WIE DAS BLUT DURCH DEINE STRASSEN FLIESST
UND DEIN HERZ STÜNDLICH SCHLÄGT.
ICH LIEBE DEINE GLÄNZENDEN STELLEN, DIE DU STETS IM
DUNKELN HÄLTST.
NUR VERTREIBE ALLE MENSCHEN AUS DIR, LASSE DEINE
HÄUSER ZU ERDE WERDEN.
DANN LIEB DICH NOCH MEHR,
OH WUNDERVOLLE STADT.

NICHT MEHR ALS EINE BLAUE WOLKE,
SO BIST DU FÜR MICH.
SO SIND WIR HIER,
ALLE LEICHT,
NICHT MEHR ALS EINE BLAUE WOLKE.

AM MASKENSTAND

DIE FRAU AM MASKENSTAND DORT DRÜBEN,
RÜHRT SICH KAUM.
IHRE STRÜMPFE BIS ZU IHREN KNIEN,
DER BLAUE MANTEL ÜBER IHREN KÖRPER.
SIE SITZT BRAV.
IHRE AUGEN FUNKELN IM DUNKELN,
IHR GESICHT WIE SANDESSTEIN.
SIE ZEHRT AN MIR, IM TRUBEL DER NATIONEN. WIE KANN
SIE NUR?
SO RUHIG UND BRAV. ES GRUSELT MICH,
AUCH WENN ICH SIE VIELLEICHT MAG.

ES IST IN KREISEN GEHEN,
VON ZWEI ENDEN
EINES LANGEN WEGES.
DU BIST MIR DURCH MICH
DOCH WEITER WEG
ALS JE GEDACHT.
WIR GEHEN NICHT, WIR BLEIBEN,
WIR MERKEN NICHT ZU MEIDEN.
ICH SEHE DICH ÜBER WEITEN WIESEN,
DU BIST SO SCHÖN DORT OBEN,
HOCH ÜBER GELBLICHEN BLUMEN,
DIE WIR EINST IN NEUER VIELFALT VERLIESSEN.
KOMM NUN HERUNTER VON DORT OBEN,
RENNE MIT MIR.
ICH WERDE NICHT BEGINNEN
ZU SEIN, NUR MIT DIR.
BITTE BERÜHRE DIE ENDLOSEN FELDER
KOMM MIT MIR IN DIE WÄLDER
BIS DIE BERGE IN SICHT GERATEN.
IM MOMENT IST ES KEIN LEBEN,
NUR IM EIGENEN GARTEN,
BLOSS WARTEN.

MUTTER MIT KIND

ICH BIN DEIN KIND.
ICH BIN IMMER DA.

ICH BIN SEELISCHE GRAUSAMKEIT.
ICH BIN IMMER DA.

ICH BIN TRAURIGKEIT, MIT DER DU GEHST.
ICH BIN IMMER DA.

ICH BIN KRANKHEIT IN DIR.
ICH BIN IMMER DA.

ICH BIN DER ANTRIEB DEINES ZUSAMMENBRUCHS.
ICH BIN IMMER DA.

DU SPÜRST DIE KRAFT, DIE MICH HINFORT TRÄGT UND
KANNST NICHTS TUN.
ICH WAR MAL DA.

DU SCHLIESST DIE AUGEN.
ICH BIN IMMER DA.

DER VATER BEGINNT ZU WEINEN.
DAS HAT BISHER KEINER GESEHEN.
DIE MUTTER SCHLÄGT DIE HÄNDE VORS GESICHT.
SIE HAT IHN NOCH NIE SO GESEHEN.
DER EINZIGE SOHN VERSTUMMT.
ER WEISS NICHT WOVON ER SPRICHT.
ES WIRD NICHT MEHR GUT,
NUR NOCH BESSER.
WIR SEHEN DAS LEBEN,
WENN DER REGEN SEINE BLUMEN GIESST.
ALLES FLIESST.

EIN TEXT ALS DEM TOD SCHMEICHELNDER MELODIE,
DER ANKER SINKT ZUM HALT,
DIE BETRÜGER DES FRIEDENS LÄCHELN BÖSE.

GANZ SCHNELL WERDE ICH IM TEXT ÜBER ANKER ZUM
BETRÜGER.
DER BODEN BRICHT DURCH,
HINAB MIT UNS AN DER KETTE HÄNGEND.
UNTER WASSER SIND WIR ALLE KLÜGER.

VON HIER NACH DORT,
MIT EINEM WORT,
ERSCHEINEN LASSEN,
ALS EINEN ORT.

->ERFINDUNG DER WELT

„SEHT IHR DEN JUNGEN DORT OBEN AM STEG?
TRÄNEN SCHEINEN ZU BEFRUCHTEN SEINEN WEG.
ES WÄCHST EIN BAUM ZUM STEGSENDE EMPOR,
DER DRANG BILDET MIT BEDACHT SEIN TOR.
EIN WEG, DER ABHEBT VOM SCHEINBAREN REST,
IHN FÜR DIE ANDEREN DOCH TIEF FALLEN LÄSST.
DER SPIEGEL IST BERÜHRT,
ZUM IRREN ZEITLEBENS GEKÜHRT.
NACH UNTEN WIRD ER GESCHICKT, UM SICH KRANK ZU
VERHALTEN,
NICHT GESEHEN WIRD DIE FREMDE, DIE IHM DORT
SCHEINT ZU WALTEN."

ICH ARBEITE IN SECHS SCHICHTEN DRECK
IM BLAUEN HAUS AM MEER.
STÜRZE DIE TREPPE HINAB DURCHS WASSER,
KEINER SCHEINT VERBLÜFFT.
ICH BETRETE DEN WEG, SPRINGE DIE STEINE HINAB, LAUFE
RICHTUNG WALD.
SIE LACHT UND HINTERLÄSST MIR HINWEIS.
DORT UNTER DER GROSSEN TANNE,
DA LIEGT WAS ZUM SCHLAFEN NÖTIG.
ICH KAM WIEDER, TAG FÜR TAG,
UM ZU FINDEN WAS ZUM SCHLAFEN NÖTIG WAR.
SIE WAR VERSCHWUNDEN IN DER ZWEITEN NACHT,
AUCH GEFUNDEN HABE ICH NUR EIN ZWEITES MAL,
WAS ZUM SCHLAFEN NÖTIG WAR.
MICH TRIEBS ZURÜCK INS HAUS,
WELCHES BEREITS VOLL MIT LEUTEN WAR,
DIE GERAD HIER NOCH STANDEN.
DER ABEND VERWORF DIE ZEIT SOWIE ICH DACHTE,
WELCH WAHRES WORT DIE TANNE SPRACH.

WER HAT SCHULD DARAN,
DASS ICH MICH NICHT ÄNDERN KANN?
ICH VERNEINE NICHT MEIN VERGEHEN,
ABER BESSER NIE WIEDER AN DEINER SEITE STEHEN.
GUT BIN ICH SOBALD FÜR KEINEN HIER,
LÄNGST ALLES STUMM ERTAUBT IN MIR.
GEPRESST WERDE ICH AUF MEINEN WEG,
UM ZU ZEIGEN, DASS ER NICHT GEHT.
ES IST NICHT MEHR ÜBER KURZ UND LANG,
AUF BEIDEN BEINEN LIEGE ICH IRGENDWANN.

EINE SACHE GILT NOCH ZU LERNEN,
EUER NEUER LEBENS SAAT.
WERFT MICH AUS EUREN KERNEN,
SO WIE ICH BEREITS TAT.

WIR HABEN DICH GESCHAFFEN,
DÜSTERES LEID!
SETZ DICH AUF UNS,
DUNKLES KLEID!
LASS UNS TANZEN IN DEINEM SINN,
ZEIG UNS,
WIE KRANK WIR SIND!

STREICHLE MICH SANFT AM RÜCKEN,
MACH ES ENDLOS,
MIT WEIT ENTFERNTEM BEGINN.
MACH ES ENDLOS,
BIS ICH STERBE,
MIT NAHEM ENDE.

IN DEN BERGEN LIEGT MEIN SOMMER,
IM TAL MEIN RUHIGES BETT.
DER GRUPPE BIN ICH ENTGLITTEN,
SOWIE UNS DIE WOHNUNG AM WERK.
WAS LANGE IN UNS SCHLUMMERT,
DEM SOLLTEN WIR UNS FREUDIG BEUGEN.
ICH LAUFE AM DAMM ENTLANG,
SEHNE MICH NACH DER HÜGELS SONNE.
WO KANN ICH LIEGEN, WO KEINE SCHIENEN SIND,
WO DAS GRAS NICHT STICHT?
IHR NEHMT MICH MIT IN EURE LÄDEN
UND STRAFT MICH MEINER GLEICHGÜLTIGKEIT.
LASST MICH LIEGEN,
UNTEN AM HÜGEL.
ICH BEUGE MICH DEM FREUDIG,
WO DAS GRAS NICHT STICHT.

->ERSTER MOOSTRAUM

WISSEN UND SEIN SCHLUSS

WIR LESEN VIEL ZU WISSEN,
UM GESELLSCHAFT NICHT ZU MISSEN.

ICH MUSS MICH DURCH EURE THEMEN QUÄLEN,
UM MEINE BESTIMMUNG ZU WÄHLEN.

STELLT EUCH ALSO DIE FRAGE:
WORIN LIEGT ALL DESSEN PLAGE?

LESEN ÜBER WISSEN SEI ENTBEHRLICH,
FÜR DAS SELBST GAR GEFÄHRLICH.

WIE KOMME ICH ZU DIESEM SCHLUSS?
ICH HABE VIEL ÜBER WISSEN GELESEN,
WEIL ICH MUSS.

ICH BEFINDE MICH IN TIEFER LIEBSCHAFT,
DOCH GEBE ICH MICH LANGEN REISEN HIN.
ICH WANDLE DURCH FREMDE ORTE,
UND SPÜRE DAS VERMISSEN.
ICH KOMME IMMER WIEDER,
UM WÄRME UND TRIEBE ZU TAUSCHEN.
BEISAMMEN WIRD MIR KLAR,
WAS ICH SOLANG VERKANNT.
ES IST DAS GEISTIGE,
WAS DICH IMMER WIEDER VERBANNT.

ICH DANKE DEM DRANG NACH EINSAMKEIT,
WENN LIEBE ZU UNS SPRICHT.
KREATIV BIST DU NICHT,
WIE LANGE WILLST DU WARTEN, AUF DEN ERFOLG MIT
SCHRIFT?
ALLEINE GEHT ES MIR BESSER,
OHNE DAS GERICHT,
EURE MEINUNG TAUGT IM GEGENSTAND NICHT.

GEISTIG NICHT WOHL GESONNEN,
WERDE ICH IN DEINEN ARMEN VERKÜMMERN.
NACH LANGEM HALTEN IST ES DEIN LEIB,
GESPRENGT LIEGT ER NUN IN TRÜMMERN.
MEINER WIRD DANEBEN LIEGEN,
DOCH IST DIES NICHTS DAS MICH ZERREISST.
DU HATTEST WOHL MEINEN KÖRPER,
ABER NICHT MEINEN GEIST.
DEIN LEID LIEGT DEM DER WELT ZUGRUNDE,
TRAG ES NUN AUS HÖCHSTER BETROFFENHEIT
IN ALLE MUNDE.

MEINE AUGEN SAHEN DICH
MIT DEM LEUCHTEN MEINES HERZEN,
WEIT WEG UNENDLICH SCHÖN,
DU, ICH VERLIEBTE MICH.

ICH GING HINAB, HIER UNTER,
DU LIEBTEST MICH
UND KONNTEST MICH TRAGEN,
ALS WÄR ES EINFACH FÜR DICH.

NUR ZU WENIG IST SO LEICHT,
WAS DU WOHL IN MIR SPÜRTEST.
ICH WILL DIR MEINE VERGEHEN NENNEN,
WERDE DEINE STRAHLEN NIE ERKENNEN.

ICH KANN NICHT FÜR DICH SINGEN,
DIR KEIN GEMÄLDE ERBRINGEN,
DICH NIEMALS FÜHREN
BEIM TANZ DEINER LEIDENSCHAFT.

EINE TAPFERE KUNST WILL ICH DIR SAGEN,
DIE ICH FÜR DICH GETAN,
DAMALS, MIT GLÜCK,
DICH ZU UMARMEN.

T.

LASS MICH LIEGEN,
UNTEN AM HÜGEL,
WO DAS GRAS NICHT STICHT.
EINMAL BREITE ICH SIE AUS,
MEINE ARME FREI NACH OBEN,
OHNE DEIN GERICHT.
TIEFSTER ENTSPANNUNG FRIEDE,
SCHIEBT MICH IN DIE ERDE,
SCHENKT MIR DEN GENUSS.
LIEG ICH HIER AM BODEN,
ZU EUER FÜSSEN HÖHE,
WOHIN MEIN WISSEN MUSS.
EINMAL MERKE ICH NOCH,
BIS ICH RUHIG NUR SPÜRE.

->ZWEITER MOOSTRAUM

ES GIBT SO VIEL HASS, LEID UND FURCHT,
WIE KÖNNT ICH SIE ERTRAGEN,
AUCH MIT DEINER LIEBE NICHT.
ICH WILL DOCH NICHT DER DEINE SEIN,
WENN ICH DER LIEBE KEINER BIN.
MEIN WEG IST OHNE GEWALT,
DOCH DIR SCHLAG ICH INS GESICHT,
VERZEIH MIR NICHT,
WENN ALLES SO BLEIBT.

WIR WANDELN DURCH DIE TOTEN,
WO STEIN AUF KÄLTE TRIFFT.
SCHNEE BEDECKT DIE FÜSSE,
WIND TRÄGT DAS GESICHT.
DEINE SPUREN VERWEHEN HINTER DIR,
KURZ VOR MIR.
ICH PACKE DICH, REISSE DICH ZU BODEN UND NEHME
DIR DEN ATEM.
DU LACHST NACH MEINEM KUSS,
DIE WARME STUBE KANN NOCH WARTEN.

->TOLLER WINTERSPAZIERGANG ÜBER DEN FRIEDHOF

ES SCHEINT SEHR ALLTAG GEWORDEN,
AN SO OFTEM MORGEN
NEBEN DIR ZU WACHEN.
JEDEN TAG DICH ZU BEGRÜSSEN
MIT MEINEN LIPPEN AUF DEN DEINIGEN.
DEINER STUBE GEH ICH EIN UND AUS
WIE SEIT LÄNGSTER EWIGKEIT.
DRAUSSEN BEGINNT DIE NACHT ZU KLAMMERN
UND WIRFT MICH NEU AUS IHREM SCHOSS.
DA STEH ICH NUN VERGESSLICH,
ERBLICKE DICH,
UND IMMER WIEDER NEU,
VERLIEB ICH MICH.

->ICH KANN ES NICHT GLAUBEN UND BLEIBE EWIG VERLI-
EBT UND VERWIRRT.

ICH WÜNSCHTE ICH KÖNNT SO REDEN,
DASS ES NICHT DEIN LACHEN SEI,
VIELMEHR SOLCH WEIT ENTFERNTER ORT.

ICH WÜNSCHTE ES SEI NUR DIE ZEIT,
DIE MICH SOLANGE NICHT BEACHTET,
DIE MICH SO WEIT ENTFERNT.

WÄRE ES DENN SO,
KÖNNT ICH MICH WOHL FREUEN,
SICHER ZU SEIN,
ÜBER DEIN LACHEN
DORT.

AUCH IN EINER BURG SAMMLE ICH DIE BLUMEN, DIE HER-
VORSPRIESSEN, AUS JEDER RINNE.
SIE FÜHREN MICH ZUM HOF,
DIE STEILE TREPPE ZUR MAUER HINAUF.
HIER OBEN STREICHLE ICH JEDEN STEIN UND WAS ICH
ERBLICKE,
SIND WEITE FELDER.

SEIT ANBEGINN MEINER ZEIT SITZE ICH AUF EINEM FLECK.
DER FLECK IST SCHÖN.
ER ÄNDERT SEINE FARBE.
ER IST SO SCHÖN.
AUF EINMAL HAST DU DICH ZU MIR GESETZT.
DU HAST NEBEN MIR GEWACHT UND DEN FLECK SO
SCHÖN GEMACHT.
DU FINDEST IHN SEHR SCHÖN.
DU WILLST IHN BEWAHREN BIS ZU DEINER WIEDERKEHR.
DU GEHST WO ICH SCHON WAR,
NUN VON MEINEM FLECKE AUS.
DIR ZU FOLGEN HAST DU NIE ERWARTET,
SOWIE ICH NIMMER AUF DICH WARTEN KANN.
ES IST NICHT UM MEINEN FLECK ZU HALTEN,
SONDERN UM DICH ZU VERLIEREN,
DAMIT WIR UNS BLOSS WIEDERSEHEN.

KÄMPFEN MIT DEN GITTERN

ICH LEGE DICH AUFS WASSER,
WEIL ICH WEISS,
WIE GEFÄHRLICH FESTE UFER SIND.
DU SCHWIMMST AUF DEINEM BLATT,
NUN GANZ ENTFERNT VON MEINEM GRÜN.
ANDERSWO WACH ICH AUF,
UMHÜLLT VON SCHATTEN,
DENN ICH SOLL SEIN,
DER MIT DER LIEBE GEBROCHEN.

MEINE GEDANKEN SIND SO FERN UND DISTANZIERT. NIE
GIBT ES EINEN GEGENSTAND, DEN SIE SICH ZUM THEMA
MACHEN, AUSSER IHR GEHEN SELBST.
SO WICHTIG ES MIR IST, SO SEHR BIN ICH BEIM „GEDANK-
EN ÜBER".
AM NÄCHSTEN IST MIR DIE DISTANZ, DIE ALS WÄCHST,
UMSO LÄNGER ICH SIE IN DER NÄHE TRAGE.
ICH SITZE AUF EINEM KATAPULT, DAS MICH IN DIE GUTE
RICHTUNG SCHIESSEN KÖNNTE,
DOCH SITZE ICH ALLEIN,
FÜHLE ES NICHT,
ALLEIN.

DORT DRAUSSEN,
HAT EIN JEDES TALENT SEINE EINMALIGKEIT.
MEINES IST VON KURZER DAUER IN DER WELT DER
BESTÄNDIGKEIT.
KURZ BEWEGT HABE ICH ES BEREITS GELEBT.
MEINE ARME HABEN DICH UMSCHLOSSEN UND
DU DICH SANFT GEÖFFNET.
SO SICHER BIN ICH MIR,
DASS EIN JEDER WEITERER SCHRITT
EINEM VERGEHEN GLEICHT.

->URTALENT

JEDEN TAG IST ES WIEDER SO, ALS WÜRDE ALLES UM MICH
HERUM PASSIEREN.
ZWISCHENDURCH BLEIBE ICH STEHEN UND KONZENTRI-
ERE MICH AUF DIE DISTANZ.
ICH BIN SO WEIT ENTFERNT, VON DEN GESPRÄCHEN
UND DEN ANTWORTEN, DIE ICH AUF DIE FRAGEN GEBEN
SOLLTE.
ICH BIN HINEIN GESETZT, IN EIN DICKES GLAS, DURCH
DAS ICH ALLES SEHEN KANN.
ES IST MIR NICHT GEWISS, WIE MEIN SCHATTEN VOR MIR
STEHT, WENN DOCH ALLES LICHT DURCH MICH HIN-
DURCH SCHEINT.

ICH BIN TAUB GEWORDEN FÜR DEN SINN.
ES IST EIN STÄNDIGES ZIEHEN UND ZERREN ZWISCHEN
DER SCHWEBENDEN WOLKE UND DEN TIEFEN TRÜM-
MERN, DIE MEINE FREUDE KOMPLETT VERGRABEN HABEN.
EINE KRÄFTIGE EMPFINDUNG HAT MICH AUS JEDER
FREUDE IN EINEN TRAURIGEN GEMÜTSKAMPF GEBRACHT,
DEN ICH IMMER WIEDER KÄMPFEN MUSS, SO UNENDLICH
DIE ZEIT SEIN KANN.
IM GEFECHT BIN ICH SCHUTZLOS. IMMER WIEDER WERDE
ICH GEHOBEN, UM ZU FLIEGEN ÜBER ALL DIE HEERE, ZU
EINEM ORT, AN DEM ICH MIT IHNEN SINGEN UND SPEISEN
KANN.
DOCH BIN ICH DURCH DIE SCHLACHT GANZ TAUB.
ICH BIN GANZ TAUB FÜR DAS LACHEN, DIE FREUDE UND
DEN SINN, DER MICH IMMER WIEDER EMPORHEBT.
ICH STELLE MIR SEINE FRAGE NICHT MEHR, WEIL ICH
WEISS, DASS ES IHN GIBT.

MEIN SCHREIBEN WIRD NICHT BESSER,
UMSO MEHR ICH MICH MIT ANDEREN MESSE.
ICH MUSS GENIESSEN, WAS DIE ANDEREN, AUCH WENN ICH
SELBST, DIES NICHT TU.
DIE ANDEREN SIND MEIN TEIL, DEN ICH NICHT ERLEBE,
SO SOLLEN SIE ES MIR ERZÄHLEN.
MEINE TEILE, REDET, SPRECHT UND MALT ES AUS,
WAS IHR SO TIEF VERSTECKT.
ICH LERNE MICH ZU FREUEN,
VON INNEN HERAUS.

ICH TRETE AUS DER TÜR,
HINUNTER AUF DIE STRASSE.
ICH GEHE RECHTS UND FINDE BESCHÄFTIGUNG WIE
LINKS.
WIR BLEIBEN NICHT BLOSS HIER,
HABEN DENSELBEN MORGEN WIE NACH DORT.
WIR RUHEN UND WIR REDEN,
SINGEN UND ARBEITEN SO LAUT,
WIE UNSERE GESCHICHTEN SPÄTER KLINGEN.
STÄNDIGES RAUS UND REIN UND EINFÖRMIGES SEIN,
DURCH ABWECHSLUNG GETARNT.

83

WARUM HAT DIESER BAUM BLÄTTER
UND ALLE ANDEREN NICHT?
WO LIEGT DER UNTERSCHIED IN GROSSEM
UND IM KLEINEN GEWICHT?
EIN SONNIGER TAG WIRFT SCHATTEN
UND DER FLUSS ERFRIERT
MIT SCHARFEN KANTEN AN SEINEN SCHOLLEN.
EIN HAUCH DER VERGANGENHEIT
HOLT DIE ERINNERUNG AUS IHRER EINSAMKEIT.
DOCH DER BAUM WIRD SEINE STÄRKE VERGESSEN
UND SICH NICHT ALLEIN IM WINTER MESSEN.
EINE ZEIT WIRD SIE ALLE ERGREIFEN
UND DIE WÄRME NICHT VERHANDELN.
DER LETZTE KRIEGER WIRD VERWACHSEN,
HINTER NEUEN SCHWACHEN,
DIE IM WINTER WIEDER DASSELBE MACHEN.
NUR EIN BLATT LÄSST SICH GLEITEN,
TRÄGT DAS EIGENE GEWICHT.
IN SEINEM SCHWARZ-WEISS SEHE ICH,
WAS DA KOMMEN KANN,
AUF EINMAL, RUHIG,
IM LICHT.

ÜBER WAS FREUST DU DICH IN DEINEM LEBEN?
ÜBER WAS DENKST DU NACH,
WENN DU SO NEBEN DIR SITZT?
DEIN LEICHTER GEIST HAT SICH VERFANGEN,
IN EINEM NETZ AUS MENSCHEN UND GRAUER STADT.
GESPRÄCHE SIND DIE SCHERE,
DIE NIEMAND MIT DIR SPRICHT.
WIR HABEN UNS SO SCHÖN AUFGEZOGEN,
MICH KANNST DU VERGESSEN,
DOCH BITTE VERLIER DAS NICHT.
DEINE BLAUEN TRÄUME.

EINE SACHE ZU BEGINNEN IST WIE MIT DEM BUS ZU FAHREN.

BLINDEN VORGABEN MUSS MAN VERTRAUEN UND NACHFRAGEN UNTERDRÜCKEN UM DIE FAHRT NICHT ZU STOPPEN.

MAN BEGIBT SICH AUF EINE REISE,
BEI DER MAN WEISS, WO SIE ENDET,
VERLIEREN TUT MAN ABER DIE ORIENTIERUNG AUF DEM WEG UND DEN BEZUG ZUM ANFANG.
DESWEGEN FAHRE ICH NICHT GERNE BUS.

HEUTE IST DAS EIN PROBLEM.

EIN GRAUSAMES KOMPLIMENT WAR JENES,
EMPATH ZU SEIN.
„EINE HÖHERE SPEZIES MENSCH IST DAS", MEINTE ER,
„EINE GABE UND EINE PLAGE."
DASS ES EINE PLAGE SEI,
HAT ZWEIERLEI.
DOCH WARUM?
DERSELBE GRUND,
SCHWERMÜTIG DAS KOMPLIMENT ZU EMPFANGEN.
ICH STAND NUN DA, IN EINEM HAUFEN VON MENSCHEN,
DEREN BLICK SOLCHE, DIE MAN EMPATHEN NENNT,
VON ANDEREN TRENNT/TRENNEN KANN.

VOM TANZENDEN MÄDCHEN

WIE EIN MÄDCHEN AUF EINER WIESE,
IST DIE SONNE DER STERNEN RIESE.
SIE DREHT SICH FREI IM KREIS,
IHR KLEID IHR HINTERHER.
ES TRÄGT BUNTE BLUMEN,
WIE STERNSCHNUPPEN FLIEGEN SIE VORBEI.
SIE FLIEGEN VON HIER NACH DORT
UND SICH DAS MUSTER STÄNDIG WIEDERHOLT.
DAS KLEID SCHEINT SCHEINBAR STILL,
MANCH ANDRER DENKT ANS TIEFE BLAU.
SIE FÄLLT WOHIN SIE WILL,
ZWISCHEN BLUMEN AUF DIE WIESE,
EIN NEUER MORGEN BEGINNT,
ES WIRD TAG IM ALL.

DER MENSCH IN DER GESELLSCHAFT MIT EINER VER-
FASSUNG DURCH GESETZE IST DIE FRUCHT AM OBST-
BAUM, DER IN DER INDUSTRIELLEN LANDWIRTSCHAFT
DURCH CHEMIKALIEN UND MASCHINEN WÄCHST.

WENN ICH MEINE TRAURIGE GEDANKEN ÄUSSERE,
NICHT ÜBER DIE WELT,
SONDERN ÜBER JENE SELBST,
DANN KANN ICH SIE AUF ALLES BEZIEHEN UND BEHAUPT-
EN,
DASS SIE NICHT BLOSS MEINE SIND,
DENN SIE SIND DA,
IN EINER WELT
DIE UNS ZUSAMMEN HÄLT.

WENN ICH WEITERHIN GEBUNDEN BLEIBE,
WERDE ICH STÄNDIG SEHNSUCHT VERSPÜREN
UND ES WIRD DIE ZEITEN GEBEN,
IN DENEN ICH IHR LEID ERTRAGEN MUSS
UND DIE ANDEREN, IN DENEN ICH,
ANDERE UNGEACHTET,
IN ABLENKUNG VERWEILE.
WENN ICH MICH NUN TRENNE,
SO WIRD DIE SEHNSUCHT BLEIBEN,
DOCH BALD SCHON MIT DEM LEID ZUSAMMENFALLEN,
SODASS ES SIE GEBEN WIRD,
ZEIT MIT NIEMANDES LEID.

->RATIONALER BRUCH

ICH LESE EIN BUCH ÜBER NATUR,
EINES ÜBER GESELLSCHAFT,
UND SCHREIBE JEWEILS EIN GEDICHT.
DAS EINE HANDELT VON FREUDE,
DAS ANDERE NOCH NICHT.

MEIN VATER IST KEIN WEISER MANN,
VON DEM ABER ICH SO VIEL LERNEN KANN.
MEINE MUTTER DENKT IHRE LIEBE NUR MIT GIER,
VERDANKE ICH ALL DIE MEINIGE NUR IHR.
MEINE FREUNDE HABEN MIR BEI NEUEM NIE GENÜTZT,
BEI ALLEM ALTEN IMMER UNTERSTÜTZT.
ICH SELBST WERDE WEINEN
UND IM DUNKELN WIEDER SCHEINEN.

DER JUNGE KABARETTIST IST TRAURIG.
ER IST ES NICHT, WEIL UM IHN HERUM ALLE TANZEN.
ER IST ES NICHT, WEIL ER NICHT TANZEN KANN.
ER IST ES WEGEN BEIDEM.

LIEBER KOCH,
MEINEN GLORREICHEN SCHEIN,
VON BEFRIEDIGENDEN SIEGEN,
WILL ICH NUN DIR VERLEIHEN.
STREITE NUN HINFORT,
MIT GELBEM HELM UND GRÜNEM HEMD,
AN EINEN UNBEKANNTEN ORT.
DORT BIN ICH NICHT,
WEIL ICH WEISS WAS ICH GEGEN DICH BIN,
EIN WICHT, MIT KRAFTSCHWUND,
AUF HELLBLAUEM HINTERGRUND.
IN LIEBE,
DEIN ESSER.

DAS KIND,
WELCHES EINZELN GEBOREN,
STETS AUFGEZOGEN,
ZWISCHEN VOLLER AUFMERKSAMKEIT UND VÖLLIGER
ABWESENHEIT,
WEISS DIE SANFTEN BERÜHRUNGEN,
DIE DIE LIEBE SO NEBENSÄCHLICH TUT,
SEHR STARK ZU SCHÄTZEN.

->PSYCHOLOGISCHE UNTERSUCHUNG SANFTER
BERÜHRUNGEN

MIT ZWEI JAHRZEHNTEN ALTER BIN ICH NUN EIN MANN,
DER BLOSS ÜBER SICH SELBST VERFASSEN KANN.
WIE KÖNNT ICH NUR IM TITEL AUS MEINER HAUT?
NACH ZWANZIG JAHREN GIBT ES SO WENIG,
DAS MIR SO VERTRAUT.
MEINE ERKLÄRUNGEN SIND IM TRÜGERISCHEN SCHEIN,
NUTZE ICH DOCH DAS MITTEL DER SPRACHE,
UM MIR SELBST EIN RUCK KLARER ZU SEIN.
WIE KANN ICH SIE ABER DEUTEN, WELCH FRUCHTBARE
STELLE,
AN DER ICH, MIR GEWISS,
SOLCH TIEFE ZWIETRACHT ERHELLE?

EGOMANIE SEI EINE STRASSE UNTER LINDEN,
AUF DER, WENN ICH NUR FAHRE,
KEINE STÜTZE IST ZU FINDEN.
VON WELCHEM ORT KOMMT DIESER HALT NUR HER?
NEBEN, TIEFER, UNTER FINDE ICH MEHR.

DURCH DIE KRONEN RIESELT SANFT DAS LICHT.
RUHIG SIND ES DIE WURZELN,
DURCH DIE SONNE ZU MIR SPRICHT.

BIST DU EIN MALER? NEIN. WAS MACHST DU? EIN GE-
DICHT SCHREIBEN. EIN DICHTER UND DENKER ALSO.
SORRY FÜR DIE STÖRUNG. ALLES GUT.

DAS GUTE HEUTE VERLANGSAMT
DEN UNTERGANG DES SCHLECHTEN.
NICHTS IST GUT.
WIR FÜHREN IN 20 LÄNDERN KRIEG.
NICHTS IST GUT.
ABER GLAUB DARAN,
DAS IST GUT.

ICH WERDE DICH NICHT BEGLEITEN,
NUR HIER MÖCHTE ICH MIT DIR VERWEILEN.
BLEIB DOCH HIER UND SCHENK MIR DEINEN RAUSCH,
IM ZÄHMEN DEINER HAUT.
DU BIST EIN BIEST,
VOR DEM ICH IMMER KNIEN WERDE.

MÜNZE ZWISCHEN MEER UND LAND

TIEF IM SAND AM STRAND HABE ICH SIE ERKANNT IN
LOCKERER WAND RICHTUNG ERDE.
ERKENNTNIS ZWISCHEN STAND UND LIEGE,
GEEILT WIE IM KRIEGE ZUR GROSSEN WELLE WIEGE
AN DER ICH SCHWEIGE,
DENN ICH BIN IHR KIND.

HIER MUSS SIE SEIN,
IN PRALLEM SONNENSCHEIN GRAB ICH IN IHR REICH
HINEIN
UND SIE SCHENKT MIR SILBER,
EINE MÜNZE ZWISCHEN MEIN UND DEIN
IM SAND ZWISCHEN MEER UND LAND.

EIN LEISER ABEND IM FRÜHLING
AM STADTRAND ZIEHEN WOLKEN VORBEI
SIE TAUEN
DIE KALTEN SCHLIEREN UM JEDEN FUSS.

ES GIBT PASTA KEINE NUDELN
UND OLIVEN MIT KERN
EINE LEICHTE STRÖMUNG
IM KITSCHIGEN BRUNNEN NEBENAN

WAS HERUM PASSIERT
MERKE ICH WIE DIKTIERT
ES IST ALLES DA
MIT STEIGENDER FREQUENZ

GANZ ANDERS WIRD DIE SACHE
WENN MAN GAR NICHT MACHT
UND NACH 5 MINUTEN MERKT,
SIE WAR NUR GEDACHT.

RUHE
BEWEGUNG BLOSS DANEBEN
BEFREIT ZUM THRON
VON DEM MAN RENNEN MÖCHTE
WIE GEWOHNT
ZUM NÄCHSTEN
DER NICHT FESTER STEHT
WENN DIE WELT SICH WEITER
BEWEGT-ER
HINTERGRUND VON ZEIT
SCHEINT FARBE
IN DEM MAN STEHT
ERKANNT
GEZEIGT
DAS RUHIGE BILD
WO BEWEGUNG GILT

DANN,
WENN DER SCHREIBER NICHT MEHR WEISS,
WAS ER SCHREIBEN KANN,
GEHT ER HINAUS UND SUCHT SICH BINDUNG,
DRÜCKT SEIN LEBEN IN SCHEINBARE WIEDERHOLUNG,
IN ALTER EMPFINDUNG,
JEDEN TAG,
AN DEM ER NICHTS ZU SCHREIBEN VERMAG.
SEIN GEMÜT WIRD SCHWER,
WEIL ER MERKT,
SEIN HERZ IST LEER,
DAS ER VERSCHENKT HAT,
AN DIE BINDUNG SEINER GUTEN SCHRIFTEN UND GE-
DICHTE,
DIE ER MIT NICHTEN WIEDERHOLEN WIRD.
WO BLEIBT DIE FÄHIGKEIT ZU REDEN,
UM DIE WELT MIT ANDEREN ZU ERLEBEN,
NICHT IM BILDE ZU WISSEN,
WO DER UNTERTON GILT.
DANN, WENN DER SCHREIBER NICHT MEHR WEISS,
WAS ER SCHREIBEN KANN,
ERKENNT IHR IHN NICHT MEHR.

ZWISCHEN NICHTIGKEIT UND TATENDRANG
VERMISCHT SICH DANN,
DASS WIR AUF FAKTEN SCHEISSEN,
WEIL WIR UNS FÜR UNSERE IDENTITÄT ZERREISSEN,
WENN DU VON MIR NICHTS WEISST,
OHNE DIGITALEN GEIST,
DEN WIR NICHT VERDIENEN,
VON GEBURT AN VERSCHRIEBEN.
BEKOMMEN VERMÖGEN, BRAUCHT MAN NICHT MEHR
SELBER HABEN,
WEIL DAS LOCH DER ANDEREN, SCHON LANGE HER GE-
GRABEN
WURDE WIE WIR WERDEN,
EINE GLANZVOLLE SKULPTUR AUS SCHERBEN,
DIE NIEMAND VERSTEHT,
DIE ABER IHREN WEG GEHT,
ENTLANG DEM ZAUN DER UNTERSCHEIDUNG,
ZUGÄNGLICH FÜR JEDE MEINUNG,
DIE UNS WEISE MACHT
UND FREIHEIT SCHAFFT,
IN EINER WELT, DIE FLIESST,
IN DER DIE BLUME DES LEBENS IHREN BLICK VOM BAL-
KONFENSTER GENIESST.
ZWISCHEN NICHTIGKEIT UND TATENDRANG,
WIRD NEBEN DEM GANZEN REDEN
AUCH DAS ERLEBEN
JEDER THEMATIK ZUR PROBLEMATIK,
DIE UNS NICHT BERÜHRT,
WENN SIE NIEMAND DAZU KÜRT,
WICHTIG ZU SEIN, IM DIGITALEN GEIST,
DER MICH VOR ÜBLEM SCHÜTZEN KANN,
INDEM ICH DAVON NICHTS WEISS.
IDENTIFIKATION BEGINNT MIT FRÜHER ZEIT,
HEUT EINE OHNE MENSCHLICHKEIT
WIRD UNS VIEL ERKLÄRT,
WARUM SICH DANN VOM MENSCHSEIN ENTFERNT?
UM BLOSS ALS INDIVIDUUM ZU SCHEINEN,
UND IM GLOBALEN LAZARETT VERWEILEN,
WEIL KEIN GEMÜSE MEHR WÄCHST,
WENN MAN ENTLANG DER GRENZEN RENNT
UND DER IM INNEREN SIE ALS SICHER KENNT.

TRAURIGE SZENEN AM KAFFEESTAND

EIN BECHER AUS PAPIER
STEHT NEBEN DIR
UND DU FRAGST DICH
OB ER MICH MEINT,
WENN SEIN RAUM SICH WEITET,
VERBREITET, DASS AUCH ICH IN IHM STEHE,
OHNE AUS IHM ZU TRINKEN,
OHNE EIN GEFÜHL VON DURST.

SO SCHNELL DU GEHST
VERWEHST DU IM ZUGE
DEINES VORÜBERZIEHENS
OHNE JEMALS ZU STEHEN
FLEHST DU NICHT NACH DEM
WAS NOCH KOMMEN MAG
AN EINEM ANDEREN TAGE
WENN DAS STEHEN LEICHTER FÄLLT
WEIL ALLES SCHON IRGENDWIE GEHT
IN DIESER WELT

SCHÖN, DASS DU MIR DAS GERADE GESAGT HAST
GANZ LIEB UND EINFACH, ALS ALLES VORBEI WAR
UND ICH AUCH, IRGENDWIE.

DASS ICH DAS TOLL GEMACHT HABE,
DAMIT ES DANN ZU ENDE WAR,
OBWOHL ICH NUR GESTREIFT HABE, GANZ LEICHT.

ICH FREUE MICH, DASS DU MIR DAS GERADE GESAGT
HAST,
WEIL ICH IN ANDEREN LEBEN AUCH NICHT MAG,
WENN DAS AUSSCHLIESSLICH WIRD, WIE IMMER.

DANKE, WIE ICH ES DIR GERNE SAGEN WÜRDE, IRGEND-
WIE.

DRAUSSEN LAG NOCH SCHNEE ALS DU GEGANGEN BIST.
ICH HABE HINEINGEPINKELT,
WEIL ICH MUSSTE
UND NICHT WUSSTE WO SONST.
ICH WÄRE AUF DEIN KLO GEGANGEN
BEVOR ICH ZU DIR INS BETT UND IN DIR GEKOMMEN
WÄR.
DOCH DAS KANN ICH JETZT GAR NICHT MEHR SEHEN.
DEIN BETT IST LEER,
OBWOHL ICH DAS GAR NICHT MEHR SAGEN KANN.
JETZT IST SOMMER UND ICH KOTZE MIR AUF DIE
SCHUHE.
EIGENTLICH WIE PISSE, WEIL ICH NICHT MEHR ESSE.
NIEMAND GUCKT MICH AN
UND ICH WARTE AUF SCHNEE AM BAHNHOF.

WENN ICH SO TRÄUMTE UND ES SCHRIEB,
WAR ES BESTIMMT NICHT VIEL WAS ÜBRIG BLIEB.
DOCH FASZINIERT UND BEINAHE BENOMMEN,
WAR ICH VON DEM LEBEN,
DAS WIR ALLE BEKOMMEN,
IN DEM WIR ZUSAMMEN STEHEN
UND ALLE IN DIE GLEICHE RICHTUNG GEHEN,
WAS WIR VERGESSEN,
WENN WIR UNS MESSEN,
DEN FOKUS AUF DIE TRENNUNGEN LEGEN,
ANSTATT DIE EINHEIT ZU PFLEGEN.
MIT UNSEREN HÄNDEN, WIR BEIDE SCHON VIER,
SCHREIBE ICH DIR HIER,
ALS DEIN SOHN,
DER IN DEINEM HERZEN WOHNT,
DASS DU ES AUCH TUST,
BEI MIR.
DEIN SCHREIBEN WIRD NUR BEI DIR VERBLEIBEN,
BLOSS WÖRTER AUF SEITEN,
DOCH TIEF IN DIR DRIN,
ERGIBT ES VIELLEICHT EINEN SINN,
UM ZU ZEIGEN,
DASS SIE FÜR IMMER BLEIBEN WIRD,
DIE VERBINDUNG,
VON MIR ZU DIR.

-> VORWORT FÜR DIE MAMA

WIR HATTEN UNS VERGNÜGT,
BIS MEIN ERFOLG VERSIEGT
IN DEM MOMENT ALS DU GINGST
HINÜBER ZU DER TÜR,
MIT DEM ZUG NACH MADRID,
WIE GERNE WÄRE ICH MIT DIR GEKOMMEN,
BENOMMEN VON DEINER ERNSTHAFTIGKEIT.
UNTER DEINEM ROCK WURDE ICH GEHEILT,
BEFREIT VON ANSTRENGUNG UND REFLEXION,
DIE MICH ZEITENS QUÄLTEN,
ÜBERSPITZT IN DEN SCHWEIZER BERGEN.
HÄTTEN WIR UNS VORHER VERGNÜGT,
DANN MÜSST ICH JETZT NICHT LÜGEN.

NUN SITZ ICH HIER,
ALLEINE AUF EINER BANK AM STRAND,
DIE EINE WOCHE MEIN ZUHAUSE IST.
UND ICH KANN NICHT ANDERS ALS AN DICH ZU DENK-
EN,
WENN ICH SIE SO SEHE,
WIE SIE SICH VERRENKEN FÜR ZWISCHEN 12 UND 4
UND DU DAMIT GANZ IN ORDNUNG BIST.
SO BIST DU ABER GAR NICHT,
DU WÜRDEST ES ANDERS MIT MIR MACHEN,
MIT LIEBE,
ICH DEINE BRÜSTE FASSEN,
ABER ZU WEM SOLL ICH GEHEN?
ZU DIR, ZU DEINER MUTTER ODER DEM MANN,
DER MEINTE,
ICH DARF DICH NICHT GEHEN LASSEN?
DICH ZU VERRENKEN WILL ICH NICHT PROBIEREN.
WIR BLEIBEN ZUSAMMEN,
NUR DEINE BRÜSTE HABE ICH VERLOREN.

REFLEKTIERTE UNZUFRIEDENHEIT IS A WINNING PROG-
RESS.

TU MIR EINEN GEFALLEN UND ERFINDE EINEN SATZ.

UNTERSTREICHEN UND DURCHSTREICHEN LIEGEN GANZ
NAH BEIEINANDER.

-HALLO.
-ICH KENNE SIE NICHT. LEIDER NICHT BEIM NAMEN.

ES GIBT NUR EIN WAHRNEHMUNGSEREIGNIS.

->MERLAU-PONTY?

GEDICHTE UND SÄTZE,

DIE ICH NICHT MEHR VORLESEN WÜRDE.

EMPORKLETTERN AN DEN GITTERN

OHNE TITEL, TRENNUNG UND VERLUST TIERISCHEN
VERLANGEN,
KONTUREN MALEN SICH MIT STEINEN,
VERLIERE MICH,
BEIM KLETTERN AN GLATTEN STÄBEN.

IN UNS GLITZERT DER
REGEN.

DIE SONNE STRAHLT
NICHT SEINETWEGEN.

TROCKEN UND WARM
ARM IN ARM.

MORGEN.

HÄLT UNS DOCH ZUSAMMEN, WORAN WIR NICHT
HALTEN.
IST SELTENHEIT DEM WERT FALSCH VERBUNDEN UND
BLEIBT GESPALTEN.
TRAUEN SICH STUMME NUR NICHT ZU SCHREIEN?
DIE EIGENE IMMER NUR EIN SPIEL MIT EINER ANDEREN.
WÜRDE.
WÜRDE UNS NICHT ZUSAMMEN TRAGEN.
ZU SCHWER ZU GROSS DAS HINDERNIS.
SCHAU.
GREIF.
WOVON REDEST DU?
ES WAR EINMAL EIN WÜRFEL.
ER WAR SCHWARZ.
KEINE PUNKTE.
KEIN UNTERSCHIED.
WÄHLE EINE SEITE.

DIE NÄCHTLICHEN STRASSEN SIND LANG, ENDLOS
FOLGEN KURVEN DER SPIEGELUNG DES GELBEN LICHTS,
IM REGEN
STERBEN MÄDCHEN MIT DEM LUFTBALLON, IN DER HAND
LEGEN SICH DIE SPLITTER NIEDER.
OHNE WÄNDE WÜTET DER STURM VOR DER TÜR.
KEINER SCHEINT BERÜHRT.
TROCKEN AUS DEM MEER
WERDEN DIE WELLEN, IMMER KLEINER
SCHEINEN DIE KLEBSPUREN DER EINHEIT.
DAS VERKLINGEN DES TONS IST DEM SENDER, NICHT
VERSCHULDET
IST DAS WESEN DER MUSIK.
DER ADLER GEHT IN DEN STURZFLUG,
SEIN ZIEL HAT ER NOCH NICHT, GEFUNDEN
HABEN WIR UNS AUF EINER EBENE,
GANZ UNTEN.

GEBURT IST DER ZEIGER DER UNENDLICHKEIT,
DIE MUTTER DER TREUE PFLEGER.
HAT SICH VIEL GETRENNT UND VEREINT
IN DER ORDNUNG DER GEMEINSAMKEIT.
AB WANN BERÜHRT DER VOGEL DEN HIMMEL, DER RICH-
TUNG SONNE FLIEGT,
WIE EIN FISCH, DER IM MEER NACH NAHRUNG SUCHT?
DER ZUG GEHT NICHT AUFS GLEIS, WIE DIE KUGEL IN
JEDEN KERN.
DÄMONEN HABEN PLATZ ZU SCHLAFEN,
WIE DIE VIELFALT DER EINHEIT ENTGRABEN.
VIELFALT IST ZUM LEBEN NÖTIG.
TÖRICHT,
IST SICH IHR ANZUNEHMEN
OHNE DIE EINHEIT ZU EHREN.
FÜR UNSER ÜBERLEBEN.

->KRAFTWURZEL

123

DIE HAND LÄSST DEN BALLON,
DAS WINKEN WIRD IMMER KLEINER,
DER BERG BRICHT DEN NEBEL,
GETRAGEN HOCH ÜBER DEM MEERE,
GEZOGEN VON DER SPITZE INS LEERE.
WIR FALLEN FREI OHNE ZU BEWEGEN.
DER LETZTE VORSPRUNG IST SPITZ.
SICHERER HALT SCHEINT UNS ZU RETTEN, OHNE TIEF
GEFALLEN.
ERLEUCHTET SCHEINEN WIR, NICHT WEIT VOM HOCH
OBEN TOBENDEN STURM,
MIT DEM STAUB GRÖSSER ALS SEINE KÖRNER.
SPRING IN DIE DUNKELHEIT, DER AUFPRALL KOMMT, BEIM
WASSER,
BISHER WEIT GEFEHLT,
IST DER LETZTE VORSPRUNG DER SPITZE SIEG, BALD
AUCH BEI DIR,
DER VORSPRUNG IM KRIEG.

IN DEN KREISEN DER KREATIVEN UND DER KUNST WERDE
ICH SCHWEREN MUTES,
WIE MAN DOCH MERKT WIE SIE EIN GESCHENK VOM
GANZEN NUR IM EINZELNEN SEHEN.
IN DEN KREISEN DES RESTES, DESSEN UNTERSCHIED JEDER
SELBIG DEFINIERT,
WERDE ICH SELBEN MUTES,
UNÜBERTREFFLICHE DUMMHEIT,
IN JEDEM EINZELNEN GEBÜNDELT.
IN DER WELT, WEIL ES ÜBERHAUPT EINE WAHL GIBT,
DAS DILEMMA.
LETZTE HOFFNUNG IM EINZELNEN.

FREI VERMAG BLOSS DER ZU SEIN,
DER SICH AN ALLES BINDET.
WEN ES AUSSEN VON SICH
ZIEHT INNEN AM TOR,
EIN LABYRINTH ENTSTEHT AUS DEM,
WAS WIR SEHEN ALS WASSERBRINGENDES ROHR.
VERBINDEN TUT ES BEINAHE GANZ DIE WELT,
ERSCHAFFUNG VON GLÜCK NUR IM BEREICH VON HELD.
AUFGESTANDEN AUS DEM SUMPFE, MISSACHTEND DEN
STEG,
UNGEACHTET WIRD DER NORMATIVEN SICHTES WEG.
KLETTERND OHNE FELSEN RICHTUNG HÖHE OHNE TIEFE,
JEDES GEBILDE WIRD ZUR SERIFE,
EIN SCHWANKENDER KITSCH,
DES GEMÄLDES DER NATUR.

ICH MIT MIR ALLEINE, IN TIEFER RUH.
MIT DIR KANN ICH ALLEIN SEIN, SCHIER EGAL WO ICH
BIN.
DU KOMMST VON INNEN UND VON AUSSEN,
DU STECKST IN MIR DRIN.
DU BRINGST MICH ZUR RUH UND NIMMST MIR DEN
ZWANGHAFTEN SINN.
VERLOREN GEHT ER NICHT,
DENN ICH STECKE IN IHM DRIN,
DAS WEISS ICH WOHL.

ICH BEGINNE AUSZUBLENDEN IM HELLEN LICHT,
ES DRÜCKT MIR VON INNEN AUF DIE LIEDER,
EHRLICHKEIT, BITTE, VERRAT DICH NICHT.

VERLOREN GEHT SIE NICHT,
DAS WEISS ICH WOHL.

PLÄTZE BRINGEN ZUSAMMEN,
DAS EINE UND DAS ANDERE.
WIE GROSS IST EIN PLATZ?
WO IST DAS EINE UND WAS DAS ANDERE?
ÜBERLEGT UND KOMMT ZUM SCHLUSS,
DEN MAN NICHT DENKEN MUSS.

LICHT GIBT RAUM ALS QUELLE
FÜR TÖNE KÖRPER ERTASTEN.
EIN ALTER MANN FÄNGT AN WIE DAMALS ZU SPIELEN
WAS ER DAMALS SANG.
ER SINGT VON GRÜNEN BÄUMEN VOR DER ALTEN
SCHEUNE.
IN KLEINER RUNDE TRAGEN SIE DIE HEMDEN OFFEN,
DER BLAUE KÄFER GLÄNZT NOCH IN DER DUNKELHEIT.
WIE FISCHE WOLLEN SIE MEHR.
NUR ER NICHT. ER IST RUHIG,
SOLANGE ER AM UFER GEHT.

ICH KOMME AUS EINEM DORF.
KLEIN,
NAHE DER BRANDUNG.
ES GIBT HIER KEIN ‚GRÖSSER ALS ICH MIR VORSTELLEN
KANN'.
WENN WIR AUF DEN BÄUMEN SPIELEN IST DAS KEINE
SELTENHEIT GEWORDEN.
ICH BLEIBE HIER, DENN ICH WILL NICHT FORT.
WEISS ICH NICHT, WAS DORT, DRUM AUCH NICHT HIER.
NUN WILL ICH GENIESSEN, WAS ICH NICHT KENNE,
UM ZU LERNEN, WAS ICH GENIESSE.
DANN WIRD ES SICH ÄNDERN.
NICHT ZUM GUTEN UND NICHT ZUM SCHLECHTEN,
DENN MÖGEN VORTEILE AUS EINEM NACHTEIL ENTSTE-
HEN IST ES,
ALS WÜRDEN WIR EINHEIT IN DER VIELFALT ÜBERSEHEN.

WENN DIE GROSSEN SCHIFFE DIE STÄMME ZU WACKELN
BRINGEN,
WAS WOLLT IHR DAMIT TUN?
EINE STADT PROBIERT SICH IN BILDUNG UNSER SCHWA-
CHEN KULTUR.
DAS SCHIFF ALS EIN GROSSES UNSERER VISION ENDET
HEUTE IN SCHRECKLICHER PERVERSION.
AM UFER WIE AUF DECK,
SO UNTERSCHIEDLICH SIND WIR NICHT.
WAS BRINGT EUCH DIE FREIHEIT IN EUREM BESCHRÄNK-
TEN GEIST?
ES SEID IHR SELBST, DENEN IHR IN DEN NACKEN SCHEISST.
DIE NATUR WIRD EUCH EINE SEUCHE SCHICKEN,
DAMIT IHR ENDLICH LERNT,
OHNE SYNDROM ZU FICKEN.

DIE GROSSE KUGEL SOLL SCHWEBEN,
DA IST EIN GRIFF DARAN, FÜR DICH ZUM HEBEN.
ES IST DER GRIFF DARAN,
DER DICH HINDERN KANN.
LASS DIE KLINKE LOS
UND DAS GLÜCK FÄLLT DIR INS SCHÖSSCHEN.
ÜBEREIFRIGER KITSCH WIRD BETRIEBEN,
DAMIT SICH BLOSS ALLE LIEBEN.
DIE SONNE GEHT AUF,
DOCH DU GREIFST ZUM GEWEHR.
DU LEGST DIE KUGEL IN DEN LAUF,
LANGSAM ATMEST DU SCHWER.
DA IST DAS BILD VOM STRAND,
LAUT UND DEUTLICH BRÜLLST DU HINEIN.
DU STEHST VOR DER WAND,
UND SCHEINST ALLEIN.
DU HAST NIEMALS LOSGELASSEN
UND EBEN SELBST GELADEN,
KOMMEN NUN DURCH GEWOHNTES FASSEN
IN DICH FRESSENDE MADEN.
ÜBER DIE WAND SPRITZT DAS BLUT,
DEINE KNIE FALLEN IN DIE ERDE.

DAS IST UNSER ERBE,
DEINE SUCHE NACH DEM WIE.

ICH MUSS MICH BELESEN
ÜBER MUSIK UND IHRE WESEN.
ICH DENKE IN POESIE,
DOCH LIEDERMACHER WERD ICH NIE.
DIE IMPRESSIONEN FLIEGEN UM MICH HERUM,
ICH WERDE REICH UND SCHAUE BLOSS SO LEER.
NICHTS ÜBERSETZT, OHNE STIFT UND PAPIER,
GELANGT DIES AUCH IRGENDWANN ZU DIR.
ES STECKT VIEL MÜHE DRIN, DIES ERST ZU TRENNEN
UND DIR DANN HINTERHER ZU RENNEN.
BLEIBEN WIR EINFACH DABEI ES IMMER ZU HABEN,
NIEMAND BRAUCHT MEHR SÄMTLICHE GABEN.
GESCHENKT.

EIN MANN WIE ER NICHT IST WIE ER SEIN MAG.
EIN GETRIEBENER VOM FLUCH DER MASSEN.
ER LÄSST SICH TREIBEN DURCH DEN FLUCH DER MASSEN.
DIE DECKE WIRD IHM SCHWER IM HAUS OHNE TÜR.
ZU ERNÄHREN SCHEINT SICH NUR BLINDES VERGNÜGEN.
DIE SCHAUFENSTER BESCHLAGEN,
ZEIGEN IHM DIE KÄLTE.
DIE SÄULE IM RAUM GIBT EDLEN SCHEIN,
ALLE TRINKEN HOCH.
ER FRIERT,
SIEHT WIE ER IST.
IHM FEHLT DIE SCHNUR,
AN DIE SICH DIE MASSEN KLAMMERN.

ZEIG MIR DEINE SCHWARZEN ZÄHNE.
SETZ MIR DEN PUNKT.
ALLE FAHREN RENNEN
UND ICH LAUFE WIE EIN KIND.
DIE GEBORGENHEIT SPRÜHT IHREN KALTEN HAUCH,
VOR DIE KERZEN LEGT SICH EIN SCHWARZER LÖWE.
ER BRÜLLT MICH AN,
KRATZT MIR HINTER DIE STIRN.
SCHWINDELNDE HÖHE
BRINGT MICH AUF DEN BODEN.
ALLE FAHREN RENNEN,
UND ICH LAUFE WIE EIN KIND.

DEIN VERRÜCKTER GEIST SPRINGT MICH AN,
WIE ICH AUS DEM FENSTER.
WIR ESSEN VOM SELBEN TELLER,
PICK DIR ALL DIE FRÜCHTE RAUS.
ICH KLETTER AUCH AN KAHLEN BÄUMEN,
IN GLÜHENDER SONNE HÄLT ER MICH IM GRIFF.
DAS GELÄNDER IST GEBAUT,
DOCH LAUFEN WIR AUF DÜNNEM SEIL.
ANLEHNEN IST DAS HÖCHSTE GUT,
DURCH FREMDE IN DER SCHWEBE.
FLIEGEN WILL ICH NICHT,
MIT DEM ANTRIEB DER DICH VERBRENNT.
AM ENDE SIND ES WIEDER TREPPEN,
ZUM FENSTER DU VERRÜCKTER GEIST.

ICH HABE GEMEUTERT.

ALLES LIEGT GEWOHNT IM HAFEN.

ICH STEHE RUHIG IN DEN WELLEN,
UM DEN DUNKLEN RAUM ZU FÜLLEN.
MEINE ABLEHNUNG SOLL KEIN URTEIL SEIN.
BERGE SCHLAGEN SICH ZUSAMMEN,
MIR SPERRT DEN HALS,
WAS SOEBEN DEN ORT BETRAT.
SAG MIR, DASS DU MICH LIEBST,
UM ZU SEHEN
OB ICH VERLOREN BIN.

MEINE SEITE HAT GRÖSSE,
IN RAUM UND ZEIT GEDEIHT.
WENN JETZT NICHT DEM LEBEN,
SOFORT DEM TOD GEWEIHT.
ICH BIN GEPRESST IN DIESE ZEILEN,
JEDER ZÄHLT MEIN WORT.
SCHIEBT MICH BIS ZUR SPITZE,
EINEN ABSPRUNG VON DIESEM ORT.
ICH HABE MICH HIER IMMER GEÜBT,
NICHT WARTEN BIS SOFORT.
UM KOMPLETT ZU VERSCHWINDEN,
ICH SELBST,
MORD?

ES SIND BLOSS SCHALEN,
DIE TIEFEN UMBAU SCHAFFEN.
HEILIG IM ZWEITEN GARTEN EDEN,
NUR EINES LEHRE ICH EUCH,
VERFLUCHT MEIN REDEN.

ICH SCHREIBE DIR,
DASS ICH BALD ZUHAUSE BIN.
DASS ICH DICH LIEBE,
AUCH OHNE UNSEREN ORT.
UND ALLES ERGIBT SINN.

POSTAPOKALYPTISCHER REITER
AUF WEITEN FLÄCHEN
DAS WILL ICH SEIN
NACH EUREM ZERBRECHEN.
DIE GRAUEN WIESEN SIND MEINE BLÜTE
ENDLICH VERSCHWUNDEN IM KEIM
MEIN UND DEIN.

EIN MANN,
DEN MAN NICHT LEIDEN KANN.
ER IST DAS, WAS MAN GERN WÄR.
ER BEKOMMT VON ANDEREN, WAS MAN GERNE HÄTTE.
SELBST HAT ER BLOSS NUR SICH,
INDEM ER DOCH ALL DIES
RUHIG VEREINT.

ES MÖGE NEUE WEISE GEBEN,
WIE DIE KUNST IN ALLEN STEINEN.
WER DEM FÄHIG IST,
SOLL GESCHLECHTER AUCH IN DER SPRACHE WOHL
VERNEINEN.
DER ABSTAND WIRD GERINGER
ZU HÖCHSTEN UNSERER SICHTEN.
ES IST ALLES BEREITS EINMAL GESAGT,
WIR LASSEN UNS VON GEBURT AN VERPFLICHTEN.
AUS UNS SELBST HERAUS SCHREIBT EIN BUCH,
MIT DRANG UND LICHT.
UNSERE HÄNDE SIND LEER,
DARUM LESEN WIR NICHT.
EIN BUCH, DAS WIR NIE LESEN,
GUT VERPACKT UND BEREIT ZU STREBEN.
SIEH DIE KUNST IN JEDEM STEIN,
WIRD SONST KEINE WEISEN MEHR GEBEN.

ICH TRAUE DEINER LIEBE NICHT,
WEIL DU MICH KENNST.
ICH GEBE DIR EINEN GRUND,
DER DICH SCHREIEN LÄSST.
ICH WERD' HAND NICHT VOM STEUER LASSEN,
DRUM TU DU ES WENN DU KANNST,
DANN KÖNNEN WIR BEIDE NEUES FASSEN.

TRAURIG WIRD MAN GEBOREN,
ANDERE DEM TOD GEGEBEN.
ES GIBT KEIN GLÜCK IM SEIN,
SOLANGE WIR SO LEBEN.

ES IST DAS WISSEN
UND DIE KUNST ES ZU VERNEINEN,
WELCHES WEISE IN SICH VEREINEN.
SPRING HIN ZUR EINIGUNG,
ALS KIND IN IHREN ARMEN,
DENN WAS LIEBE HEISST,
DAS IST ERBARMEN.

ICH HABE ANGST ZURÜCKZUFALLEN,
IN DEN ZUSTAND MEINER VERACHTUNG.
MEIN LEBEN HAT ZWEI PHASEN,
DESSEN BEIDER SORTEN ICH NICHT ERTRAGE.
ICH HABE MICH AUSGESCHRIEBEN,
AUF EUER WEISSES BLATT.
MEIN SEIN STELLE ICH NUN IN FRAGE,
MAL SEID IHR ES, MAL ICH SELBST,
ZUSTAND DEN ICH NICHT ERTRAGE.

ICH LEBE IN GROSSEN DINGEN,
HABE ALLE NIE GETAN.
ICH BEHAUPTE GUT ZU TUN,
DOCH KEINER PRAKTIK FÄHIG.
MEIN LOSES FLIEGEN,
LIEGT MIR SCHWER
WIE ALLEN EUER STEHEN.
ZWISCHEN EUCH WILL ICH NICHT SEIN,
MIT DER EINSAMKEIT SCHWINDET MEINE VORSTELLUNG.
IN DEINEN AUGEN IST WEITE LEER,
MEINE ERFAHRUNG STETS ALS FÜHLER,
ES KOMMT NICHTS MEHR.

ICH MUSS EIN BUCH
LESEN WIE EIN WEISSES BLATT.
ICH TÖTE DEN BAUM,
WENN ICH NATUR NICHT RETTE.
BIN ICH ERRETTET,
SO WÄCHST ER NACH.
ER BAUT SICH AUF,
WEIT GEBREITET ÜBER MIR.
DENN WAS ER WOHL WEISS:
WERT SEINES OPFERS.

ÜBER TIEFEM GRÜN FLIEGT EINE WOLKE ÜBER DIR,
UNSERE SCHÖNE KLASSIK HIER.
ICH SCHÄME MICH FÜR MEIN GESTOHLEN WORT,
SPERRT MICH AN IN EBEN DIESEN,
SOLCH DÜSTEREN ORT.

ETHIKVORLESUNG

DEINE LÜGE BEFRIEDIGT MICH,
SO BIN ICH NICHT ALLEIN,
MIT DIR ZUSAMMEN IM SCHEIN,
IN DER FREMDE AN SICH.

DU BIST HEDONISTISCH GUT,
ICH STEHE NEBEN DIR,
KOMME NICHT HERAUS AUS MIR,
FEHLEN TUT DER DEINIGE MUT.

SELBSTES WILLEN HAST DU ERREICHT,
DOCH ICH HAB'S NIE GESEHEN,
MUSS DOCH IN EWIGKEIT VERWEHEN,
WAS NOCH VOR DIR WEICHT.

GESELLSCHAFT NIMMT DICH AUF,
MICH NUR AN DEINER HAND,
STETS DEN RÜCKEN ZUR WAND,
LEID IM EWIGEN LAUF.

MEIN BUCH BLEIBT HIER,
ALS ZEICHEN MEINER WIEDERKEHR.
ICH GEHE WEIT HINFORT,
UM MEIN BLATT NEU ZU SCHREIBEN.
FÜR MICH BIST DU DIE MITTE,
DOCH IMMER MEHR OHNE ZEILEN.
WENN ICH WIEDERKOMME WIRST DU SITZEN,
AUF DEM BODEN.
NUR WEINEN
MIT MEINEN LEEREN SEITEN.

ES IST EINE FRAGE DER ZEIT,
BIS MENSCH SICH SELBST VERTREIBT,
AUS EIGEN PARADIES.
ER WANDELT DURCH DIE TAGE,
VIEL DUNKLER,
SIE ALLE, ALS JEDE NACHT.
DER GROSSE GARTEN SIEHT NUN SEINE BLUMEN,
IN FORMATION IHM GEGENÜBER.
ES IST ENTSCHIEDENE FRONT,
DIAGONAL GEKREUZT.
NICHT EINMAL KÄMPFEN KÖNNEN SIE,
HAND IN HAND.

NASSER REGEN BRINGT DIE SCHÖNHEIT DER STEINE ZUM
VORSCHEIN.
ENTLANG DER STRASSEN WEICHT DIE ERDE UND STAUT
SICH IN DEN RINNEN ALS DRECK.
IM NACHBARWALD HAUSEN BIEBER, BAUEN SICH EIN
KLEINES PARADIES.
IHRE HÖLZERNEN MAUERN FANGEN DEN REGEN EIN,
DAMIT ER NICHT MEHR FLIESST.
AM ENDE SCHWIMMEN SIE IN WASSER,
WAS EINES TAGES WIEDER MUSS.

SELTENE BEGEGNUNGEN MACHTEN GLEICHE
ERFAHRUNGEN.
DER MENSCH BLEIBT TROTZDEM MENSCH,
WANDELN TUN SIE ALLE.
WO BIN ICH DENN DANN?

->ALLEINE IN DER STRASSENBAHN

BEIM GEDANKEN AN DICH
WIRD MIR DAS VERTRAUTE WIEDER FERN.
AUCH NACH DIESEN JAHREN
DENK ICH AN UNSERE ZEIT.
DU WARST WO NIEMAND WAR,
IN LIEBE, FÜR IMMER,
MEIN LEID.

GOLDENES REIHENHAUS

ICH BIN EIN KLUGER MENSCH,
MIT FREUNDEN WEITER WELT.
SOWIE DAS GLÜCK BEI MIR OFT HAUST,
SO KENNT DAS GELD MEINE SCHULDEN NICHT.
ICH BIN SO FREI UM ZU FLIEGEN,
WOHIN ICH WILL,
DOCH LAUFE ICH MEINER GÜTE HINTERHER,
UND DAS ABHEBEN IST FÜR MICH SO SCHWER,
MIT FESTEM ANKER.

DU BIST ABENDS ANGEKOMMEN
BEI IHR.
SIE TEILT DAS WARME NUR MIT DIR.
DOCH IHRE PFLICHT SCHICKT DICH HINFORT,
ZU DEINEM WEIT ENTFERNTEN ORT.
DIE KÄLTE UMGIBT DICH DRAUSSEN,
DIE DECKE HÄLT SIE WARM.
SIE HAT DIES NICHT GEWOLLT,
DOCH SOBALD ICH FRIER,
STIRBT ETWAS AB,
TIEF IN MIR.

WEITE WEGE WIRST DU GEHEN,
OHNE IM WIND MEINE STIMME ZU HÖREN.
DEINE LAUTEN TÖNE ÜBER DAS WEITE
SCHICKE ICH GERN DORTHIN,
UNSRE TRAURIGE FREUDE.
MEIN ARM WIRD ZU SCHWER UM DICH WEITER ZU TRA-
GEN,
ABER ICH BIN MIR SICHER,
DU BIST AUCH AN ANDEREN ORTEN SCHÖN.

DORT VORN LIEGT EIN STEIN,
DER ZUM HEBEN SCHWER AUSSIEHT.
ICH HABE VIEL GEDACHT,
DOCH DIE PRAXIS NIE BERÜHRT.
SETZT DU MICH AUF DEN STEIN,
WERDE ICH DIE SONNE MORGEN NICHT ERBLICKEN.
SETZT DU DICH AUF DEN STEIN,
SO WIRST DU SIE AM MORGEN SEHEN,
SCHÖN SCHEINEN WIRD SIE NIE.

DAS MASS SCHLIESST SICH,
ZWISCHEN INSZENIERUNG UND IHRER WIRKLICHKEIT.
DU BLICKST UND LACHST,
AM DROHENDEN VERGESSEN,
UND BEGINNST ZU SPANNEN,
DAS MASS DAZWISCHEN.

ALLE LAUFEN SIE GEGEN DEN STROM,
NICHT EINMAL DER WIND VERMAG SIE ZU WENDEN.
HEITERKEIT BRINGT SIE BEINANDER,
ZUSAMMEN DAS GLEICHE LIED IM CHOR.
STARKE REBELLEN SIND HIER GEBOREN,
DIE NICHT WEICHEN FÜR IHREN VERDIENST.
SIE WERDEN BEKOMMEN
WAS SIE AM ENDE WOLLTEN,
BLUMEN IN VASEN
UND DEN HIMMEL FEUERROT.

ICH FRAGE EUCH ALLE,
WIE KÖNNT IHR MICH NUR WEISEN NENNEN?
WEIL ICH GESESSEN UND STUDIERT?
ICH WAR NIE HINFORT,
WEG AUS EUER HAND,
DIE MICH HEUT ZUM DENKEN SCHLÄGT.

ICH HABE EUCH SCHON IMMER VERACHTET.
JETZT, DA ICH EUCH BEACHTE,
VERLIERE ICH ACHTUNG.

->ZIVILCOURAGE 1

ICH HABE ES NIE VERMOCHT,
MICH GÄNZLICH ZU ENTSPANNEN,
SO WIE ICH ES NIE VERMOCHT,
WAHREN ANTRIEB ZU FINDEN.
WAS MICH HIER HÄLT
LIEGT DAZWISCHEN,
OHNE HALT.

DIE LUFT SCHEINT MIR WIE WASSER,
BLOSS HABE ICH KEINE KIEMEN.

DIE WELT SCHEINT WIE EIN ROLLENDER STEIN,
AN DEM ICH MICH NICHT HALTEN KANN.

DIE ERDE WIE EINE WEICHE SEE,
AUF DER ICH GANZ OHNE MICH,
WOHL TREIBEN WÜRDE.

ICH HABE MICH LANGE EWIGKEIT AUF EUCH VERLASSEN.
JETZT VERLASSE ICH EUCH.
ICH HALTE EUCH NICHTS VOR.
BLOSS EIN TALENT WÜRDE MEINE HALTUNG RECHTFER-
TIGEN.

->ZIVILCOURAGE 2

GUTE VERBINDUNGEN RETTEN DICH,
WENN SCHLECHTE BINDUNGEN STÜRMEN.
WOZU ALSO BEIDES,
IM SCHEIN DER SOLITÄRE?

WENN DAS HAUS VIER ECKEN HAT,
WORAN ERKENNE ICH DANN DEN HIMMEL?
WENN DIE ÄSTE ENDEN,
WORAN ERKENNE ICH DANN DEN HIMMEL?
WENN DAS GRAS HIER WÄCHST,
WORAN DENKE ICH DANN?
WENN DIE WOLKEN ZIEHEN,
WERD ICH IHN NICHT HALTEN KÖNNEN.

DAS SKI FAHREN FÄLLT UNS SO SCHWER.
ZWEI FREUNDE KÖNNEN ES NICHT.
ES IST, ALS OB DIE KÄLTE UNS AUFTAUEN LÄSST.
DEN INNEREN KERN VERKRAFTEN WIR NICHT,
DEN WIR ERBLICKEN, WENN DAS EIS SICH ZUZIEHT,
UNS ZURÜCKWIRFT, DES ANDEREN GESICHT.

IN MEINEN TRÄUMEN BIN ICH EIN KRANKER MANN,
DER IN DER REALITÄT UNTER WAHRHEIT DESSEN NUR
LEIDEN KANN.
ICH WERDE MICH DIESEM ZUSTAND NICHT LÄNGER
ERGEBEN,
SO HABE ICH BESCHLOSSEN, MEHR WIE IN TRÄUMEN ZU
LEBEN
UND DIE REALITÄT ZU WANDELN,
SODASS KRANKHEIT AN IHRER LETZTEN STELLE STEHE,
WIE ICH GUTES IN IHREM KERNE SEHE.
DABEI LIEGE ICH WIE GELÄHMT.

WENN ICH AUF EINER INSEL STEH,
NOCH EINE PALME MIT IHREN FRÜCHTEN SEH,
DANN WILL ICH SIE GEBEN,
SEINE FREUDE IHM NICHT NEHMEN.
ICH WERDE MICH DREHEN UND MEIN BLICK AUFS MEER
WERFEN,
UND MIR SICHER SEIN,
WIR WERDEN DAS LEID UNSERER WELT ENTSCHÄRFEN.

->NEUJAHRSVORSÄTZE

KÄMPFEN MIT DEN GIITTERN

WARUM MUSS ALLES SO FLÜCHTIG SEIN?
WARUM BIST DU NICHT FÜR IMMER MEIN?
WARUM STEIGST DU MIT DEINEN BEINEN DORT INS WASS-
ER,
WO DU JEDEN GRASHALM GREIFST?

LANGSAM WIRST DU KLEINER,
AUF DEINEM WEG ZU MIR.
UND DU WIRST KLEIN BLEIBEN,
GANZ GLEICH DEN BRÜCKEN, DIE ICH BAU,
VON MIR ZU DIR.

WIR FÜHLEN BEIDE NICHT,
WAS WIR SOLLTEN,
OBWOHL WIR TUN,
WAS WIR IMMER WOLLTEN.

IRGENDWANN WIRST DU IM FLUSS VERSCHWUNDEN SEIN,
SPÜRE DICH NOCH WIE MEIN,
UND ICH WERDE MERKEN,
WIE WEISE DU GEWORDEN BIST.

ICH WÜRDE DEN FLECK GERN VERWISCHEN,
DOCH ER BLEIBT DEUTLICH.
GANZ STARK, SO TIEF, DORT UNTEN.
NEBEN IHM DIE SORGE.

WIE SCHREIBEN LEUTE HEUTE?
ICH HOFFE DOCH, DASS WIR BEREITS DIE HÄLFTE DES
KREISES GEGANGEN UND UNS DIE SEHNSUCHT TREIBT,
ZUM ANFANG WIEDER ZU KEHREN.
PUNKT.

ICH STELLE SIE MIR VOR, DIE KREATIVEN AUSSCHWEIFUN-
GEN,
IN DENEN SICH NACHTS GENIE UND MATERIE VERBINDEN.
ICH TRÄUME VON BERÜHRUNGEN, DIE ICH NICHT EINGE-
HEN KANN,
WEIL ES TAG IST, MIT DEM BLICK NACH INNEN
GERICHTET.

ICH HABE DIE MÖGLICHKEIT ZU DENKEN WIE EIN
PHILOSOPH UND ZU HANDELN WIE EIN KÜNSTLER.
DENNOCH UND WARUM DENKE ICH WIE EIN KÜNSTLER
UND HANDLE WIE EIN PHILOSOPH?

WELTSCHMERZ,
NIE SELBST ERFAHREN, DER SO QUÄLT?
LÄHMUNGEN, IN DIE MEIN KOPF MICH FESSELT,
UNZULÄNGLICHKEIT AUF JEDEM GEBIET.
AM SCHLIMMSTEN, MIT DIESEM LEID SO WEIT ENTFERNT,
SCHMERZ DIESER WELT,
BLOSS IN FREMDEN AUGEN.

->EGOSTOTTERN

ICH RAUBE DEM GESPRÄCH OFT DIE LUST, WENN ICH SO
HÄUFIG SAGE, DASS ES DARUM NICHT GEHT.
DOCH WOHER NEHME ICH SOLCHES RECHT?
FRAGE ICH AUF HÖCHSTER STUFE DER REFLEXION, ODER
IST NOCH EIN WEITERER SCHRITT VON NÖTEN, DEN ICH
NUN NICHT GEHEN KANN, OHNE MICH IN EINER FOLGE
IN DIE UNENDLICHKEIT ZU BEGEBEN?

->PLAGE AHNUNG

DIE FRAGE NACH DEM SINN IST SO KAPUTT WIE ICH,
DER IN DER LIEBE ERFAHREN MUSSTE,
DASS REFLEXION IN DER UNSRIGEN WELT,
NICHT ZU LÄHMUNG FÜHRT.
UND WIR LEBEN WEITER.

ICH MUSS MIR EINGESTEHEN,
DASS ICH DIESEN EINEN MENSCHEN BESONDERS TOLL,
WIE VIELE DINGE ICH AN IHM ABSTOSSEND, FINDE.
BESONDERS SPRENGT MEINE VORSTELLUNGSKRAFT,
ABSTOSSEND KOLLIDIERT MIT DER ART ZU LEBEN,
AUS DER ICH NICHT KANN.

WENN ICH IN DEN WALD GEHE ARBEITE ICH MIT HOLZ.
WENN ICH IM CONTAINER WÜHLE ARBEITE ICH MIT
ALTPAPIER.
AUFHÄNGER IM TÄGLICHEN LEBEN
ÜBER DEN GETRÄUMT WERDEN DARF.
ICH MACHE MICH ZU DEM, DER ICH BIN, INDEM ICH MIT
DEM ARBEITE, WAS ICH HABE.

ES IST MIR EIN ERSTAUNLICHES RÄTSEL,
WIE ICH SCHRIFTSTELLER GEWORDEN BIN,
WENN ICH DOCH GAR NICHT WEISS,
WAS ICH SCHREIBEN SOLL.
DABEI IST ES DOCH MIT ALLEM SO.

->AUF EINEM BETT IN BERLIN

ICH BIN GEGANGEN,
ALS DU FÜR MICH DA WARST.
ICH HABE DICH VERMISST,
ALS DU FÜR MICH DA GEWESEN WÄRST.
ICH HABE DICH VERGESSEN,
ALS DU FÜR MICH DA GEWESEN WARST.
ICH BIN ZURÜCKGEKOMMEN,
ALS DU FÜR MICH DA WARST.
ICH BIN GEGANGEN,
DU WÄRST WIEDER FÜR MICH DA GEWESEN.
WEITER TRÄGT SICH MEINE UNGEWISSE ANGST VOR
EINEM UNBESTIMMTEN MOMENT.

BANKAUTOMAT AM KÖNIGSPLATZ

IST ES DER STREIT UM DAS KLEINE ODER GROSSE GELD,
WELCHER SCHLIMMER WIEGT?

IM STREIT UM DAS GROSSE GELD SIND DIE MITTEL FÜR
GROSSEN SCHADEN.
IM STREIT UM KLEINES GELD VERLIERT MAN DAS LETZTE.

NEUE TECHNIK FÜR DEN SCHUTZ DER NATUR EINZUSET-
ZEN IST,
ALS WÜRDE MAN ANNEHMEN, DASS DER MENSCH IN DER
SEINIGEN DURCH EINE VERFASSUNG BESSER WIRD.

SO WIE WIR GEBÄUDE ANHAND DER ÄSTE DER BÄUME
ERBAUEN, SO SOLLTEN WIR GESETZE ANHAND IHRER
WURZELN ERRICHTEN.

WIR MÜSSEN DER NATUR FÜR UNSERE UNGLEICHHEIT
UND DAS, WAS KOMMEN MAG, WENN WIR UNS IN IHREN
ARM WERFEN, VERZEIHEN.
SIE WIRD UNS PACKEN, UMHERSCHLEUDERN UND ZER-
REISSEN.
VIELE VON UNS WERDEN DIESEN, DANN NUR NOCH VON
EINER SEITE GEFÜHRTEN KAMPF, NICHT ÜBERLEBEN.
DAS LAUTE GEWITTER WIRD DEN GESAMTEN ERDBALL
VERSCHLINGEN UND KEIN FELD WIRD MEHR VIER ECKEN
HABEN.
NUN WACHEN DIE AUF, DIE IHRE AUGEN ÖFFNEN KÖN-
NEN UND BEGINNEN DIE MÄCHTIGE KRAFT MIT EHR-
FURCHT UND SICHERHEIT ZU BEOBACHTEN.

->WIRKLICH GEEIGNETER UNTERGANG

VERNICHTEND URTEILEN MÜSSTEN WIR,
ANSONSTEN KEINES HABEN.
STATTDESSEN VERURTEILEN DIE EINEN
UND DIE ANDEREN VERNICHTEN.
SOLCHE OHNE
SIND GEBLENDETE ODER GLÜCKLICHE
GEISTER.

DER MENSCH BETRACHTET, ZEICHNET AB UND SICH
SELBST.
SOWIE MAN DEM ELEFANTEN EIN STÜCK KOHLE
ZWISCHEN SEINEN RÜSSEL STECKT, WIRD SEINE PINSE-
LEI EINE ZEICHNUNG SEIN, FERNAB VON DEM, WAS MIT
MENSCH ZU TUN HAT. DOCH KENNT DER ELEFANT DAS
WORT DER ZEICHNUNG NICHT. IN EINEM ORDNUNGS-
UND ERKLÄRUNGSZWANG HABEN WIR ETWAS GEFUND-
EN, DASS UNS BEIDES NIMMT. ABNIMMT.
DIE ZEICHNUNG EINES ROBOTERS IST DIE ZEICHNUNG
EINES MENSCHEN.
JEDER AUSDRUCK EINER MASCHINE IST RÜCKWENDUNG
ZU DEM, WAS VOR IHR WAR.
JEDER ROBOTER FUNKTIONIERT DURCH KRÄFTE, DURCH
DIE DER AM BESTEN FUNKTIONIERENDE ALLER GESTEUER-
TEN FUNKTIONIERT:
DER MENSCH IM 21. JAHRHUNDERT.
ES IST NAIV IN DIESER KRITIK NUN ZU VERHARREN.
SO WÄRE ES DEM GLEICH ÜBER MORDE IM WALD ZU
SPRECHEN, DENN WIR HABEN DOCH ALLE VERSTANDEN
WORUM ES GEHT.
SCHLIESSLICH IST KEINER VON UNS GESTEUERT,
IN EIGENER KREATIVER ENTFALTUNG.

TRAURIGES TERRAIN UM WUNDERBARE SACHEN,
DIE WIR SO LIEBEN.
UM BÄUME WACHSEN ROSA BLÜMCHEN,
MITTEN IN DER ALTEN STADT.
SÄHEN SIEHT MAN HIER RECHT WENIG,
DENN DIE LEUTE TUN BLIND NICHT IRREN.
NUR EINES SCHEINT GUT ZU ZIEHEN,
WIE GEWÖHNLICH MIR DIE SPRACHE WÄCHST.
ICH HÖRE SIE NUR LEISE,
AM ENDE VON VERSTAND.
ICH FRAGE MICH WER ICH BIN,
WEIT ENTFERNT ALLEINE,
MITTEN IN DER STADT.

BRINGT DEN NATURKOSTBAUERN NETTE GESELLSCHAFT,
DIE GENÜGSAM NICHT SEIN MUSS, WENN SIE DIE FÜLLE
DES LANDES ERKENNT, WELCHES DIREKT VOR IHREN
FÜSSEN GESCHENKE BEREITET, SODASS DIE BAUERN IHR
GLÜCK UND LEBEN NICHT AUS DEM PROFIT ZIEHEN MÜS-
SEN UND IHRE WAREN SO GÜNSTIG VERKAUFEN KÖN-
NEN, WIE SIE VON DER NATUR HERGESTELLT WERDEN.

„ICH WERDE DEN HÖCHSTEN BERG BEZWINGEN."
„ICH WERDE DIE GRÖSSTE WELLE REITEN."
ICH LAUFE MIT DEM GRAS ZWISCHEN DEN ZEHEN.

MIT EUREN TRÄNEN FLUTE ICH DEN REIS,
BITTE ESST NICHT SO VIEL SALZ.
WO FAHREN EURE GROSSEN RÄDER,
WENN AUF DEN STRASSEN RASEN WÄCHST?
KEINEN SCHATTEN WIRD'S MEHR GEBEN,
HINTER EUREM KLEINEN KREUZ.
ALLE SCHEINEN SIE ZU ESSEN,
MIT EUCH AUF EINEM FELD.
EURE HOSE WIRD NICHT DRECKIG,
WENN DIE ERD DEM BACHE FOLGT.
ÖFFNET EURE POREN AN DEN FÜSSEN
UND WIR WERDEN MEHR ALS GEMEINSAM,
MITEINANDER WOHNEN.

ICH ERWARTE EINE STADT,
DENKE BLOSS AN MENSCHEN.
ICH SUCHE EINEN KÜNSTLER,
ALLES GEHT UM MICH.
ICH BLICKE AUF EIN PROJEKT,
ES VERÄNDERT DICH.

BEZEICHNEND FÜR DIE HEUTIGE ZEIT:
THEMATIK GLEICH (=) PROBLEMATIK.

TUTTI FRUTTI GEHT NICHT OHNE EINHEIT.
EINHEIT GEHT NICHT OHNE TUTTI FRUTTI.

DIE MENSCHEN PROBIEREN ACHTSAMER ZU WERDEN,
UM GUT ZU TUN
UND WENN DIES NICHT,
UM ÜBERHAUPT ZU TUN.
DOCH ES DREHT SICH SO OFT INS GEGENTEIL,
DASS GUT PASSIEREN WÜRDE,
WENN DAS SCHLECHTE DARIN DURCH IGNORANZ
NICHT LÄHMEN WÜRDE.
WIE TRAURIG IST HEUTE JEDER GANG.

WIR SCHÜTZEN UNS VOR DER GEWALT DER NATUR UND
ICH FÜHLE DAS SEHR WOHL.
DOCH HÖRE ICH DIE STIMME, DIE DAHER SPRICHT:
FOLGE MIR RECHT SCHLICHT.
SCHLICHT UND EINFACH,
UND ICH SEHE DIE ANSCHLÄGE NACH DER AUSSAGE IN
MEINE HÜTTE FLIEGEN.

MAN GENIESST DAS BESTIMMENDE,
MAN BRICHT AUS ZUM SPASS,
NICHT ZUM AUSBRUCH,
UND MAN WIRD WIEDERKOMMEN.
OB SPASS ZUM AUSBRUCH, AUSBRUCH ZUM SPASS,
ES WIRD SICH NICHT MEHR EINFINDEN,
BISHERIGES GLEICHGEWICHT,
MEHR WIRD ES VORWURF ALS EIGENE PFLICHT.
ES ENTSCHEIDET SICH NUN DER WEG,
DANACH UND OHNE,
BEIDES KANN SO SCHLIMM SEIN.

WIE ROUSSEAU VON DEN BÄUMEN SPRICHT,
SO FRAGE ICH NACH DEN MENSCHEN.
KANN DIE VORSTELLUNG DES ALLGEMEINEN MENSCHEN
JEMALS ENDEN?
VON EINEM ZUM NÄCHSTEN UND ICH FINDE WAS IHNEN
ALLEN GEMEINSAM IST,
DAS TIER.

MORAL AUF KÜNSTLICHE UNGLEICHHEIT ZU GRÜNDEN
IST WIE EIN PANZER IM WALD.
ER STEHT SICHER UND HAT DORT NICHTS ZU SUCHEN.

DEN WEG ZU MEINER MITTE,
GEHE ICH MIT LAUTEN SCHRITTEN.
ANPIRSCHEN MIT LINKEN HÄNDEN
AUF DEN SCHIENEN EURER WAHL,
IST UNSER ALLER ÜBEL.
UNTERSCHEIDEND SCHÄDEN VERBLEIBEND,
EIN DONNER LAUSCHT AUF
UND FLIESST ALS REGEN.

MEIN GUTER FREUND,
ES WIRD UNERTRÄGLICH,
DASS DU MICH HÄLTST,
WO ICH NIE WAR.
ICH FOLGE DIR
UND HÖRE DEINE GESCHICHTEN,
MIT BEGEISTERUNG,
DIE ICH NUN VERPASSE.
ICH BIN UNTRÖSTLICH
UND HABE VERPASST,
DEN SCHWUNG VON DIR ZU NEHMEN,
DER NIE IN MIR WIRKTE.
WENN ICH SO VON DIR DENKE,
BEVOR ICH DICH HEUTE GESEHEN,
MAG DER SCHWERE GIPFEL ERST NOCH KOMMEN,
AN DEM ICH VOR DIR STEH,
UND MICH NICHT ZU DIR WAGE.

->BETREUTE FREUNDSCHAFT 1

IST ES NOCH EIN GEFÜHL,
WENN ICH WEISS,
DASS DU VON MIR SPRICHST?

WIE VIEL MUSST ICH ERST DOCH TUN,
UM DER UNGEDULDIGE ZU SEIN?

MEIN WUNSCH, DASS ENDLICH ETWAS PASSIERT,
IST EIN VERHALTEN, DAS ANDERE SCHOCKIERT.
WIE FREI WIRD SO DAS LEBEN,
WENN MAN SICH AN ALLES BINDET
UND MANCHE GRENZE SO UNBEMERKT VERSCHWINDET.
UNBEMERKT, WEIL ES SCHÖN IST
UND ICH WÜNSCHE DIR VIEL GLÜCK DABEI.

->BETREUTE FREUNDSCHAFT 2

OHNE ANSPRINGEN
WERK ERBRINGEN
MÜHELOS VERRENKEN
UM FREUDE ZU SCHENKEN
MOMENTE ERLANGEN
UM LUFT ZU FANGEN.
EIN GANG OHNE SORGEN,
BLOSS KOMMT DER ZEICHNER
MORGEN.

BIST DU SCHON DAHEIM?
WIE GERNE HÄTTE ICH EIN EIGENHAIN,
MIT DEM ICH HAUSIEREN GEHEN KÖNNTE,
IN EURER WELT,
DENN SIE HAT NICHT DIESE STRICHE UND LINIEN,
KEINE RUNDEN FLÄCHEN.
UNSERE ZEIT WIRD SCHNELL GEFUNDEN SEIN,
WEIL IHR SCHON SO VIEL KENNT.
KOMMT HEREIN,
IN MEINEN KLEINEN GARTEN.

NETTE SCHWARZ WEISS LEICHEN
SIND EURE HELDEN,
DURCH BITTERE ÖFFENTLICHKEIT IMMER MEHR VERBLE-
ICHEN,
IST DAS IDEAL DER BEFREIUNG.
ALLE STÄNDIG BREITE REIHEN,
IHR ALLE IN BILDERN STERBT,
ICH NOCH VIEL SCHNELLER,
VON DER ZUKUNFT ENTERBT.

DER ABEND IST VOLL GLORE,
DENN ICH HABE EIN BILD GEMALT,
DAS SIEBEN NATIONEN RETTET,
MICH DIE ACHTE.
ALLE FARBEN SIND SCHWER VERDIENT,
IM KRIEG MIT VIELEN HERRSCHERN.
IN MEINEN MASSEN HÄNGE ICH AN DIE WAND,
WAS ICH SELBER STEMMEN KANN,
DENN SCHWERER KANN ICH NICHT VERDAUEN,
IM GLAUBEN AN UNSRE ZEIT.
JEDER WEG IST EIN WUNDER
UND EINE LAST IN ALLEN WINDEN
MIT DENEN STEINE FLIEGEN.
VIELE ZIELE SIND AM ENDE ANFANG,
VON ALL DEM ROLLEN VIELER KREISE,
DIE UNS DURCHEINANDER FÜHREN.
DIE ZEIGER AUF DENEN ICH STEH SIND BUNT,
UND SCHLANGEN LINIEN.
EINE FREUDE BLITZT KURZ AUF,
DIE REIFEN PLATZEN,
UNENDLICH DIESER LAUF.
NUR EINE KLEINE SCHERBE.

DER DICHTER DENKT IN BILDERN,
DER MALER SCHREIBT SEIN LEID,
IN VIEL POMPÖSEREN GEWAND.
WIE OFT STAND ICH SCHON VOR DIR ALS WAND,
MIT TIEFEM GRABEN,
IN DEN ICH FALLE, DURCH DEIN WACHSEN.
DEINE RUHE TREIBT MICH AUS MEINER HAUT,
UM DICH ZU FRAGEN,
WAS DU TUST?

->MEIN BRUDER

AUS EINIGUNGEN VON PRIMÄR
ENTSTEHEN MEHR SEKUNDÄR.
GRÜN OHNE GELB IST WIEDER BLAU,
GEGENÜBER ERGIBT IMMER GRAU.
EINHEIT IST SO OHNE LEBEN,
WAS DER FRIEDEN SCHEINT ZU ERGEBEN.
WIRD DOCH DIE VIELFALT STETIG STEIGEN,
WIRD DER UMFANG GLEICH BLEIBEN.
VIELHEIT IST WOHL SCHÖN,
DOCH MÜSSEN WIR UNS GEWÖHNEN,
WAS SIE ERBRINGT,
IST DURCH DAS EINE BEDINGT.

ÜBER SACHE NACH SACHE DENKE ICH NACH,
DASS ICH SIE NICHT MEHR BRINGEN MÖCHTE.
JA NICHT DOPPELT DENKEN,
SONST WIRD NOCH EIN GEDICHT DARAUS.

ICH DENKE AN MEINE VERLASSENE LIEBE,
MEINEN GESCHENKTEN WEG,
DEN ICH LANGSAM GEH,
OHNE FESTE BINDUNG.

IN KURZEN GESPRÄCHEN VERHAK ICH MICH,
DEN LANGEN GEBE ICH KEINE HOFFNUNG MEHR.
MEIN KOPF IST VON GEDANKEN SCHWER
UND ICH SEHE DEN FROST AUF DER STRASSE GLITZERN.

ES IST KALT.
ES IST WINTER.
ICH VERMISSE WEITER.
BIS WIEDER SOMMER WIRD.

RUHE
BEWEGUNG BLOSS DANEBEN
BEFREIT ZUM THRON
VON DEM MAN RENNEN MÖCHTE
WIE GEWOHNT
ZUM NÄCHSTEN
DER NICHT FESTER STEHT
WENN DIE WELT SICH WEITER
BEWEGT-ER
HINTERGRUND VON ZEIT
SCHEINT GRÜN
IN DEM MAN STEHT
ERKANNT
GEZEIGT
DAS RUHIGE BILD
WO BEWEGUNG GILT

->KONSTANTEN 1,2,3,4

RUHE
BEWEGUNG BLOSS DANEBEN
BEFREIT ZUM THRON
VON DEM MAN RENNEN MÖCHTE
WIE GEWOHNT
ZUM NÄCHSTEN
DER NICHT FESTER STEHT
WENN DIE WELT SICH WEITER
BEWEGT-ER
HINTERGRUND VON ZEIT
SCHEINT BLAU
IN DEM MAN STEHT
ERKANNT
GEZEIGT
DAS RUHIGE BILD
WO BEWEGUNG GILT

RUHE
BEWEGUNG BLOSS DANEBEN
BEFREIT ZUM THRON
VON DEM MAN RENNEN MÖCHTE
WIE GEWOHNT
ZUM NÄCHSTEN
DER NICHT FESTER STEHT
WENN DIE WELT SICH WEITER
BEWEGT-ER
HINTERGRUND VON ZEIT
SCHEINT ROT
IN DEM MAN STEHT
ERKANNT
GEZEIGT
DAS RUHIGE BILD
WO BEWEGUNG GILT

RUHE
BEWEGUNG BLOSS DANEBEN
BEFREIT ZUM THRON
VON DEM MAN RENNEN MÖCHTE
WIE GEWOHNT
ZUM NÄCHSTEN
DER NICHT FESTER STEHT
WENN DIE WELT SICH WEITER
BEWEGT-ER
HINTERGRUND VON ZEIT
SCHEINT BRAUN
IN DEM MAN STEHT
ERKANNT
GEZEIGT
DAS RUHIGE BILD
WO BEWEGUNG GILT

KEINE SAU TRAUT SICH MEHR ZU WEINEN,
MAL SO OHNE GRUND,
WENN JEDER GESCHÄDIGTE GEADELT WIRD,
ZUM HARTEN HUND.
HARTE HUNDE MIT EINER VISION,
VON EINEM THRON,
DEN ES NICHT GIBT,
ABER RECHTFERTIGT,
DAS ZIEL,
DURCH VERWIRRUNG AUS DEM SCHADEN,
DER SICH ENTLADEN WIRD,
BEI DEN NÄCHSTEN,
WENN LEID VERIRRUNG SCHÜTZT,
WORAUF SICH GESELLSCHAFT STÜTZT,
IN DER ES KEINE GRÜNDE MEHR BRAUCHT,
UM ZU WEINEN.

EINE FRAU DIE GITARRE SPIELT
EIN MANN DER SINGT
EIN TÄNZER DER DIE TÄNZERIN HEBT
EIN MALER HAT SEINEN AKT GEWÄHLT
LEBEN SIE IHREN WILLEN
IM REGISSEURIN FILM
ALS POET
WAS FÜR IHN NICHT ZÄHLT

EINE GRUPPE, DIE NUR VERGLEICHT,
WEIL SIE AUSGEBLEICHT
IST EIN RUDEL,
DESSEN FÜHRER ES SO REICHT,
WEIL ES FUNKTIONIERT
GESCHMIERT GANZ LEICHT,
IN DER WELT,
DIE NIEMAND MEHR ERHELLEN MUSS,
ALS FÜHRER AUF SEINEM FLOSS
SCHENKT ER EGOISTISCH LIEBE,
AN JENE,
DIE SIE GEWONNEN HABEN,
GANZ IM DUNKLEN.

DIE GUTE AURA DER SCHLECHTEN DINGE IST WIE EINE
KLINGE VON DER MAN ABRUTSCHT UM NUR NOCH MIT
STÖCKERN ZU SPIELEN, DIE SICH DANN AUF DIE KLINGE
LEGEN, DAMIT SIE NICHT MEHR SCHNEIDET.

NACH LANGER ZEIT BIN ICH BEREIT
NICHT MEHR KITSCHIG ZU SCHREIBEN,
DENN ICH MUSSTE MICH ENTSCHEIDEN,
DICH ZU LEIDEN
ODER DICH ZU MEIDEN,
UM MICH ZU MÖGEN,
ANSTATT ZU VERPÖNEN,
ABER DAS GEHT GAR NICHT SO SEHR,
WEIL ICH LEER BIN.

EIN BLICK DURCHS DICKICHT INS TAL
FÄLLT SCHNELL WIEDER WEICH AUF MOOS,
WIE TAUSEND BLÄTTER OHNE ECHO,
DIE SICH DEN BODEN TEILEN,
IHN UMHÜLLEN
UND ZUM SCHWEIGEN BRINGEN.
DEM BODEN GEHÖRT DER TON,
ER HAT IHN UNTERDRÜCKT.
DIE FERNE ZUCKT IM BLICK,
BEIDE WERDEN NEU GESCHMÜCKT,
VON BLUMEN.

IN GEDANKEN VERWEILEN ANSTATT SIE ALS TEXTE ZU
SCHREIBEN,
FÜHLT SICH BESSER AN,
WEIL MAN NICHT SEHEN KANN,
WAS ENTSTEHT,
WEIL ES SCHNELL WIEDER VERGEHT,
NUR DAS GUTE GEFÜHL BLEIBT
FÜR LÄNGERE ZEIT
BIS ZUM NÄCHSTEN GEDANKEN
ALS WÜRDE MAN ERKRANKEN,
AN EINER EPIDEMIE.

IHR TAUSCHT EUCH AUS
UM GUT ZU LEBEN,
WEIL IHR DAS BEBEN NICHT MERKT,
ALS EINE GEFAHR,
DIE ES WERT IST ZU VERSCHWINDEN.
DIE RICHTIGE FORM DES ÜBERWINDENS
IST TIEF VERSCHWUNDEN IN DEM GRABEN,
DEN IHR BUDDELT STATT BÄNDIGT
MIT SAND AUF DEM IHR STEHT,
MIT EINER WAND IN EUREN KÖPFEN
ZWISCHEN HANDELN UND WÖRTERN,
DIE IHR SPRECHT AN DEN ORTEN
ZU VERFECHTERN DER KULTUR EINGEREIHT,
DIE IN 80 MILLIONEN KLASSEN TEILT,
FÜR DAS BESONDERE GEFÜHL.

BODENHAFTIGKEIT
SO STARK ERSTARKT
DASS ICH NICHT MEHR GEHEN KANN,
VOR UND NACH DEM FREIEN FALL NACH OBEN
ALS STILLSTAND DES GEHENS
WELCHES ICH DANN NICHT MEHR BESCHREIBEN KANN
WENN ICH KLAR BIN
WIE WÖCHENTLICH DER EINKAUFSWAGEN.

DAS LEBEN AUF LAND UND MEER SEI DAS LAND
UND DIE REINE ÄSTHETIK, DURCHAUS KEIN NEGATIVES
BILD,
DAS MEER.
ES GIBT GROSSE WELLEN UND KLEINE,
ES GIBT LANGE UND KLEINE SPRITZER.
ES GIBT FLÜSSE, REGEN UND ÜBERSCHWEMMUNGEN AUF
ZEIT.
DOCH AM ENDE KOMMT DAS WASSER NICHT WEIT
UND VERSICKERT IM SAND.

AUF GROSSEN PLÄTZEN WÄCHST NOCH GRAS,
GRÜN WIE DIE TROPEN AUF GOOGLE-BILDER,
UM DIE MASSEN ZU DÄMPFEN,
DAMIT DIE NICHT KÄMPFT,
FÜR DIE LETZTEN WILDEN IM WALD.
JEDER AST SCHEINT ZU HALTEN,
WEIL GUMMI SICH DEHNEN KANN
UND EIN DICHTER DAMM DARAUS ZU BAUEN IST.
EMPÖRT EUCH DOCH,
EUER GUTES LEBEN KANN NOCH BESSER SEIN!
WIR SEHEN DEN WERT NICHT OHNE MEIN UND DEIN.
ABER DAS IST ALTES BROT.
DAS GRÜN IST WIE WIR,
BALD TOT.

WENN MICH JEMAND ZUM SCHREIBEN TREIBT,
WÜRDE ICH ÜBER IHN SCHREIBEN,
ÜBER SEINE ANGST VORM WARTEN
UND DER FEHLENDEN ERFAHRUNG SICHERHEIT,
WORAUFHIN EITELKEIT AUF LUFTBLASEN ZU WACHSEN
BEGINNT
UND ZU BLÜHEN WIE SPIELENDE KINDER.
NUR HABEN KINDER IHRE SICHERHEIT IN IHREM IRREN,
WAS ICH AUS DER SPRACHE HER SO NENNEN MUSS,
BIS SIE GEKÜSST WERDEN,
ALS ECHO FÜR DIE LINIE LEBEN,
DIE ES GEBEN SOLL,
AN DIE SICH DIE GESELLSCHAFT HÄNGT,
EIN WUNSCH NACH SICHERHEIT,
DABEI IST SIE DOCH DER GRUND,
WARUM ER MICH ZUM SCHREIBEN DRÄNGT.

DIE ANGST WIRD KLEINER UMSO HÄUFIGER MAN SIE
BEKÄMPFEN MUSS. NUR IN DER LIEBE NICHT.

->ICH WEISS NICHT, OB ICH DAS IRGENDWO GELESEN
ODER SELBST GEDACHT HABE.

SCHON SEPTEMBER 2018.
ICH SITZE IM ZUG NACH KASSEL.
ES IST KALT. DRAUSSEN IST NOCH SOMMER.
ICH BIN EIN BEUYS IN KURZER HOSE.
IN DIESEM FALL WIRD DER WEG LÄNGER, WENN ER OF-
FENSICHTLICH SCHEINT.
DIE KINDER KLAUEN MIR MEIN STROH.
DIE AKTION IST SCHON GELAUFEN.

DER SCHLIMMSTE SKLAVENTREIBER IST DIE WAHRNEH-
MUNG.

ICH BEKOMME ZUNEHMEND PROBLEME MIT VORTRÄGEN.
ICH GLAUBE, DASS DIES DEM VERHALT GESCHULDET IST,
DASS DAS STUDIUM DER WEISHEIT DEN VERLUST ABSO-
LUTER AUSSAGEN MIT SICH BRINGT.

ALSO, WAS WOLLT IHR NOCH,
MEHR? ALS DAS ICH FÜR ALLE MEINE ARBEITEN EINEN
NAMEN FINDE?
WOLLT IHR DIESEN AUCH NOCH VERSTEHEN?

AN DIE SCHÖNE BLONDE AUS MEINEM ROMAN, DIE ICH VERLASSEN HABE.

EIN LIEBESBRIEF, DER ZU EINER ARBEIT WURDE.

235

Nichts war so unwichtig wie der Rest, und wir haben uns geübt, in Bedeutung zu verschenken. (Nun ist nichts mehr fest.) Gelegt haben wir einen Stein, den wir immer sehen werden, auf all den neuen Wiesen. Du bleibst wie sein Gewicht, sanft in meinem Kern, im Wuchse einer Blume.

Meine Liebe, wie gerne würde ich gerade den Platz an dem du bist mit dir teilen. So sehr ich mich dagegen stemme, dieses Bedürfnis dir zu sagen, um dir nicht zu schmerzen, so stark ist auch das Gefühl selbst. Ich sehe wie sich die Menschen hier verhalten und das Aushalten fällt mir schwer. Meine Versuche werden immer mehr zu einem stillen Ertragen, dessen Kenntnis umso schwerer wiegt.

Von Zeit zu Zeit probiere ich Dinge, die man in der Welt so tut. Abgesehen von dem Gefühl, welches mir bei diesen Dingen das Lachen nimmt, werde ich traurig, weil du währenddessen nicht mehr da bist. Es ist ein ständiges Zerren zwischen der Stärke durch das Zusammensein von Allem und der tiefen Traurigkeit, dich mit deinem so tollen wunderschönen Wesen verloren zu haben.

Aber ich kann dem Verlust nicht glauben, ihm nicht trauen. Seine Lüge will ich überwunden haben. Zu stark spüre ich dich noch immer in mir und so dringend will ich dir sagen, dass es nicht dein Wesen ist, was mich von dir entfernt hat, denn hat sich meine Liebe darin nicht geirrt. Es ist vielmehr der Schock, der mich durch unsere Liebe noch viel stärker getroffen hat, dass Reflexion auch nicht zu Lähmung führen kann und alle guten Bestrebungen nicht erst aus solcher Erkenntnis entstehen, dass der Zustand der Lähmung ein Übel ist. Dein Herz tut so gut, bei mir und allen anderen. Wie bedeutend, wenn ich nun nicht mehr da bin. Für mich ist es zu früh, du weißt, wie ich mich bewegen kann. Ich krampfe, dann kommt eine Zeile. Ich weine, auch um dich. Ich glaube dein beinahe Selbst.

Mein Liebe, ich hoffe es geht dir gut und dass deine Verwirrung über dies geschrieben Wort nicht zu groß und der damit verbundene Schmerz nicht zu stark über dich zu kommen vermag. Es mag sein, dass du eine Erklärung fordern darfst, warum ich mich mit diesen Zeilen nun wieder bei dir melde, aus dem tiefen Loch, welches ich bei dir nie aufreißen und dich nimmer hineinziehen wollte. Doch eine Erklärung werde ich dir schuldig bleiben müssen, weil ich dir keine geben kann. Dies ist auch der Grund, weshalb ich dir schreibe.

Wenn ich nun Worte finden würde, die mein Vermissen ausdrücken könnten, es ist ein verwirrtes Vermissen, dann wäre mein Bedürfnis, diese hier zu schreiben, größer, als die Angst, dich damit zu verletzten und mich wieder auf tiefsten Grund zu werfen. Abends streichle ich meinen Bauch, mit Kleber habe ich den Abguss verstopft und das Lesen fällt mir schwer, ansonsten ist der frühe Frühling ruhig. All jene Sinnbilder meiner gegenwärtigen Beschäftigung kommen durch meine Finger bei einem Glas weißen Wein und gelbem Licht. Zwei Nächte zuvor, lassen wir es drei gewesen sein, da habe ich sehr schön geträumt und mich am Morgen an dich erinnert, als wäre unsere Zukunft noch real. Vor nun zwei Nächten bin ich aufgeschreckt, im Aufwachen, da dachte ich wieder an dich, mit einer betäubenden Angst. So viele Ängste, die du dir nur vorstellen kannst, die sich in meinem Gemüt einen Platz gesucht haben könnten, so sehr glaube ich, wirst du sie nicht treffen, die Angst, die ich dir schreibe. Ein Mädchen, wenngleich schon eine Frau, betritt die Insel mit dem Meer sehr blau. Sie kann nicht lachen. Der Junge, wenngleich noch ein Kind, hat sie verletzt und nicht bloß das der seinigen, auch das neue Blut aus alten Narben ist sein Werk. Sie kann nicht lachen. So fremd ist er ihr nun, obwohl sie weiß, dass sie alles, auch diese Unbegreiflichkeit, an ihm kennt. Das Lachen fällt ihr schwer. Doch die Menschen auf der Insel wissen nicht. Jene, die es doch tun, flehe ich zur Unterstützung. Meine Angst, um sie nun endlich dir zu nennen, ist, dass du betrachtet wirst, als die, die das Glück nicht finden kann, das Lachen und die Freude, weil du unsichtbar fühlst, es verloren zu haben. Jene, denen deine Bewegungen gewahr werden, so wie ich es nur hoffe, welche beide Seiten der Grenze erfahren können, werden merken und dich sehen, mit besonderem Wert. Es ist ein Brief in geschwollener Sprache und du weißt, dass ich nicht anders kann.

Meine Liebe, es kann sich manchmal anfühlen, als wärst du nie da gewesen, keineswegs aus der Vorstellung heraus, wieder lachen zu können, gänzlich absurd dieser Gedanke. Es ist der Schönheit entboren, dieses Gefühl deines Schwebens. Wie wertvoll bist du mir immer noch, auch wenn ich nichts habe, was du mir jemals gegeben. Unvorstellbar der Gedanke, dass du noch an mich denkst und ruhig wird es, wenn ich daran denke. Sehr wenig, was du noch von mir hältst, doch sagt man mir jeden Tag, deine Erinnerungen werden verfälscht. Ich glaube nicht daran, an beides nicht, denn wir waren mehr als Hier und

Dort, wir waren verbunden, zu einem Ort. Das Wir mit dir, noch besonderer war es für mich, du, beim Rundgang hinter mir, in deinem lustigen Kleid. Wie weit weg warst du noch vor langer Zeit, weiter als der Erdball, der uns jetzt entgegenblickt. Jede Form würde ich für dich verlassen, um dir zu zeigen, wie es immer war. Weil es so war bleibe ich hier, denn du weißt es bereits. Wir beide wussten uns schon immer, als du noch so weit fort warst. Nur einmal um die Erde.

Meine Liebste, ich hoffe es geht dir gut. Für mich vergehen die letzten Tage schleppend und immer mehr steigt meine Bewunderung für die Fähigkeit und das Haben der Kraft für eine konzentrierte Auseinandersetzung mit einem zuweilen präsentierten Gegenstand. Ich besitze diese Fähigkeit, wenn es doch vielmehr eine Gabe zu sein scheint, nur sehr wenig. Stetige Aufmerksamkeit widme ich nur den Bewegungen, den kleinen Bewegungen, die du noch immer in Bildern in meinem Kopfe tust, seit den Tagen, die nun schon vor mehr als einem ganzen Jahr begonnen haben. So mache ich dich zum Grund meiner Ablenkung oder zum Maße, von dem ich lesen kann, den meinigen Zugang zu Gefühl und Aufmerksamkeit.

Ein feiner Freund, der uns beiden wohl bekannt, sprach nun schon zweifach zu mir die Frage, was ich von dir, (aus geteilter Kraft der Anziehung,) er meint nur uns, mitgenommen habe. Plötzlich standen wir in Schweigen. Doch dies Stocken meiner Zunge war bloß der Hinweis auf die Suche meiner Gedanken, die nichts fanden, nicht eine Sache, die ich von dir nehmen wollte. Und ich war beruhigt, sowie mein Herz es in heiterer Stimmung war, als ich dich streicheln durfte, neben deinem sanften Körper, dein komplettes Du. So ganz du mir erschienest, so habe ich dich beschrieben, in meinem Roman, in dem in Träumen gelebt wird. Nie hätte ich zu glauben versucht dir näher zu kommen, als ich es in den geschriebenen Welten bereits getan. Ich war ein Sitzender, der seine Vergangenheit nicht fand, um in die Zukunft zu leben. Drum habe ich geschrieben, ganz ruhig sitzend. Ich konnte gehen lassen, mit dir tanzen, sodass nichts in den Raum zwischen uns passte, sich selbst die Anziehung gar quetschen musste. Nun mehr sitze ich an der Straßenkurve und wünschte mir nichts so sehr, als mit dir den Zügen zu lauschen, die unter der Brücke entlang in altes Gebiet rauschen. Doch sitze ich hier und kann nur noch wissen, dass es mal so war. Ich weine auch um dich.

Sehen kann ich nun bloß das diese, doch glauben kann ich dem nicht, dass deine Wirklichkeit nicht dieselbe ist, so fern du auch von mir bist. Wie könnte sie es sein, wenn das zwischen uns nichts anderes war als Eines, welches die Ewigkeit noch sucht. Bereue es nicht sie zu haben, denn ich will dir sagen, was unsere Liebe so vermocht. Ich konnte es dir nehmen ohne dich zu quälen und dir zu entreißen, ein Teil von dir. Ich habe von dir geschrieben, als schöne Blonde, und was du noch alles bist. Wie weit waren noch dein morgendlicher Duft, deine süße Haut, da habe ich sie schon vermisst. Wie ging das nur, wenn ich es konnte? Welche Verbindung wurde mir nur so gewahr, als die unsrige scheinbar offensichtlich zerbrach? Mein Leben war geträumt mit dir und du kamst in die Wirklichkeit, bald zu mir. Es blieb das freie Schwingen, welches immer klingt, als wär es tiefe Nacht. Den Traum zu fühlen, ohne Entfernung zu dieser Wirklichkeit, die Verbindung verkürzt, im Spiel mit meiner Einsamkeit. Das Mehr als unsere Verbindung hast du gegenseitig in mein Leben gebracht. Wie frei das Leben, wenn man sich an alles bindet und manche Grenze, so unbemerkt verschwindet. Unbemerkt, weil es schön ist, wie du es tust. Geschwind fliegt weiter das Vermissen, auch im ruhigen Stand. Dies habe ich von dir genommen.

Danke für den Sommer.

Meine Liebe, ich hoffe es geht dir langsam besser. Ich bemühe mich daran zu glauben, du könntest in der Ruhe neuer Erlebnisse wieder Boden sehen. Der Schmerz scheint sehr zu weit gegangen, viel höher als jeder Berg, auf dessen anderer Seite hinab er so bald abgeklungen wäre. Ich frage mich was passiert, mit der Verbindung, die du mir gegeben, wenn ich sie weiter pflege. Was wird passieren mit dir neben mir, wenn ich mich weiter nach dir sehne? Jeden Morgen merke ich, dass du wirklich gewesen bist, wie ein schöner Traum durch unsere Seele. Ich habe dich verlassen, so sprichts man traurig in Gesellschafts-Mund. Ich habe mich bemüht in Sachen, die sie so macht, dich doch stets in ihr vermisst. In dieser Zeit nun gehe ich über die Felder, weil und wo du nicht mehr meine Gesellschaft bist. Du bist nicht mehr die Meine, an einem ganz anderen Ort, weil es unter Bäumen in meinem Kopf noch stärker wird, das Eine, in dem du und ich, gemeinsam, wohl und lang, nur wandern.

„Liebes, leg dich wieder zu mir, neben mich aufs Bett.“

243

Wenn ich hier geschrieben habe, fertig, weil ich

muss, dann liege ich nur mit dir,

meine Liebe.